gâteaux de fêtes

en pâte à sucre

Nina COUTO

Éditrice :
Emmanuelle PROT
Tél. : 06 14 19 44 21
Email : eprot@creapassions.com

Directrice artistique :
Céline Javouray

Mise en page :
Vitrac & Son Prepress
www.vitracandson-prepress.com

ISBN 978-2-8141-0079-4

“ Brésilienne, installée en France depuis 8 ans, j'ai gardé au fond des yeux et du cœur les traditions,
les paysages et les beautés de mon pays.
Amoureuse du bon et du beau, je vous propose à travers ce livre de découvrir
l'une des facettes gourmandes de mes origines.

Si vous aimez surprendre, régaler vos convives de pâtisseries aussi belles qu'alléchantes,
voir briller leurs yeux d'admiration, je vais vous guider pour réaliser des merveilles.

En ouvrant cet ouvrage et en suivant ses conseils, vous allez pouvoir savourer votre rêve.
Étape par étape, d'incroyables architectures sucrées vont naître sous vos doigts.

Ces gâteaux design, encore exceptionnels en France, font, depuis longtemps,
partie des traditions culinaires aux États-Unis, en Angleterre et en Amérique latine.

Ces créations en sucre sont le clou gastronomique des anniversaires, mariages, et autres réunions festives.
À l'image de l'événement, où ils trônent au centre de la table,
ils symbolisent cette joyeuse communion autour d'un moment inoubliable.
Partager ce fastueux entremets offre à chacun sa part de bonheur.

Grâce à ce livre de recettes, d'astuces et d'idées, l'imagination la plus gourmande est invitée à se délier,
l'esprit créatif à s'exprimer.

Découvrez, page après page, les infinies possibilités qui s'offrent à vous pour laisser parler votre style,
créer vos propres décors, confectionner vos personnages.
Couverts de fleurs, de couleurs, d'arabesques, de héros, de décors : tous les thèmes, toutes les envies,
toutes les folies deviennent possibles. Réalisez un gâteau qui vous ressemble : un dessert à nul autre pareil ! ”

La pâtisserie ornementale, pour le bonheur des yeux et du palais

La pâtisserie ornementale s'est développée dans de nombreuses cultures. De l'apparition de la première pâte à sucre en Angleterre au XVIIe siècle à la réalisation des pâtisseries royales parisiennes au XIXe siècle, ces gâteaux font depuis longtemps partie des traditions culinaires. Ils sont très prisés dans la plupart des pays anglo-saxons - où ils sont appelés *wedding cakes* - et en Amérique latine.

Ils ont généralement pour support une génoise, assez simple à réaliser. En revanche, l'habillage en pâte à sucre, qui demande imagination, créativité, maîtrise des couleurs, des volumes et des proportions, constitue une réelle activité artistique.

Les recettes de Nina Couto, avec leurs explications claires, leurs « pas à pas » bien articulés et méthodiquement illustrés, permettent à chacun de faire de son gâteau de fête une véritable œuvre d'art.

Sommaire

les recettes de base

gâteaux de fêtes

Comment garnir et cercler le gâteau ?

Quelques conseils

Pour une belle présentation finale, un gâteau décoré avec de la pâte à sucre doit mesurer entre 8 et 10 cm de hauteur.

Vous pouvez donc réaliser soit quatre génoises de 2 à 3 cm de hauteur chacune, soit deux génoises de 4 ou 5 cm chacune, coupées en deux dans le sens horizontal.

Les génoises, ainsi que les garnitures aux fruits et le sirop permettant d'imbiber le gâteau peuvent être préparés un jour avant la décoration finale. Il est d'ailleurs préférable de procéder ainsi et d'assurer un cerclage de la génoise durant au moins 10 heures en la maintenant au réfrigérateur. Cette technique lui permettra de garder sa forme originale et une consistance ferme.

Processus

- Dans un premier temps, confectionnez vos différentes génoises et faites-les cuire au four.
- Une fois la génoise refroidie, coupez-la en deux dans le sens horizontal.

- Le montage final sera réalisé à l'aide d'un cercle réglable de 8 à 10 cm de hauteur que vous chemiserez avec un film étirable.

- Introduisez la première partie de la génoise et imbibez-la de sirop avec un pinceau.

- Masquez-la avec la garniture, puis placez l'autre partie. Recommencez l'opération : imbibez et garnissez jusqu'à hauteur désirée.

- Serrez bien le cercle afin que la génoise prenne sa forme.
- Couvrez avec le film étirable restant et posez sur le tout un objet plat pour maintenir bien horizontal le haut de votre préparation.
- Laissez la génoise au réfrigérateur pendant au moins 10 heures pour qu'elle soit bien ferme. De cette façon, elle ne gondolera pas, et la pose de la pâte à sucre sera parfaite.

- Après 10 heures, retirez le film étirable, et laissez-la à température ambiante.
- Prenez un carton de pâtisserie à la taille de la partie de génoise qui sert de base. Badigeonnez-le avec une confiture sans grumeaux ou avec le glaçage royal et posez-le sur la génoise.
- Retournez l'ensemble avec précaution. Le fond de la génoise devient alors la partie haute du gâteau. Cette technique permet d'éviter tout déplacement de la génoise et assure un maintien solide lors de la construction des gâteaux à étages.

- Pour que la pâte à sucre adhère bien au gâteau, nappez-la d'une fine couche de confiture, de pâte à tartiner, de confiture de lait ou de crème au beurre.
- De cette façon, vous pourrez coller de manière homogène la pâte à sucre utilisée pour la décoration.
- Déposez le gâteau sur un joli plat de service.

Profitez du jus de cuisson des fruits pour imbiber chaque couche du gâteau, qui ainsi ne sera pas sec et gardera un petit goût fruité. Attention de ne pas trop arroser les génoises.

Lors de l'utilisation de plusieurs garnitures, l'harmonie des différentes saveurs doit être respectée.

Si vous n'avez pas de moule ou de cercle de même hauteur que le gâteau, prenez un carton de même diamètre que le moule utilisé pour cuire la génoise.

Voir photo ci-contre

Pour masquer les imperfections sur le pourtour du gâteau, faites une préparation constituée d'un mélange de miettes de la génoise et de la garniture. Étalez-la avec une spatule. Vous pouvez également l'utiliser pour fixer la pâte à sucre sur le gâteau.

Dressez le gâteau sur un joli plat de service. Si vous préférez un plateau, vous pouvez le recouvrir de pâte à sucre afin d'obtenir une finition impeccable.

8 À savoir

Pour ce type de gâteau, la préparation des garnitures est très importante. En effet, la pâte à sucre ne supporte ni l'humidité ni la grosse chaleur.

Les garnitures doivent toujours rester bien fermes. Pour obtenir ce résultat, les fruits frais utilisés seront cuits, comme pour la préparation d'une confiture, puis seront écrasés dans une passoire. N'oubliez pas que les fruits frais laissent couler leur jus, ce qui est un désastre pour les gâteaux décorés avec de la pâte à sucre.

Couvrir un gâteau avec de la pâte à sucre

La pâte à sucre a tendance à se dessécher à l'air libre. Dès qu'elle est faite, étalez-la le plus vite possible.

Processus

- Saupoudrez votre plan de travail avec du sucre glace et de la fécule de maïs.
- Faites une boule et commencez à travailler la pâte en un mouvement descendant et ascendant.
- Tournez-la pour l'étaler dans tous les sens. Faites attention à ce qu'elle ne colle pas sur le plan de travail, en tournant et saupoudrant de sucre glace et de fécule de maïs. L'épaisseur de la pâte doit être uniforme.

10

- Quand la pâte atteint 3 à 4 mm d'épaisseur, et que son diamètre dépasse de 15 cm celui du gâteau, enroulez-la sur le rouleau à pâtisserie, et posez-la à partir du centre du gâteau.

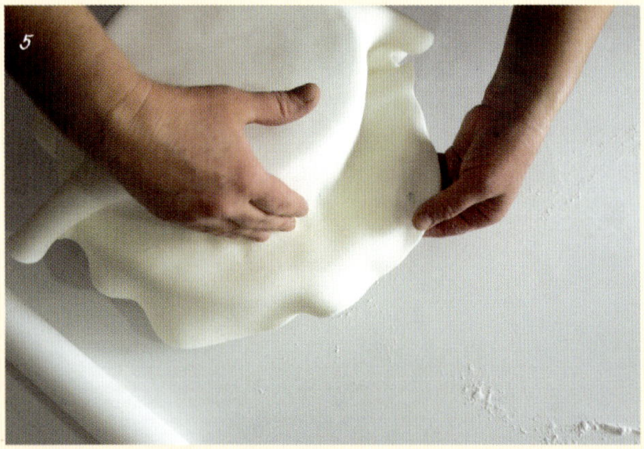

- Enveloppez alors le gâteau comme si la pâte était un tissu souple, en l'étirant vers le gâteau, en la lissant avec les doigts. Si la pâte fait des plis autour du gâteau, étirez doucement, et recommencez à lisser avec les doigts.

- Découpez l'excédent de pâte à sucre avec une roulette à découper ou un couteau à lame lisse.

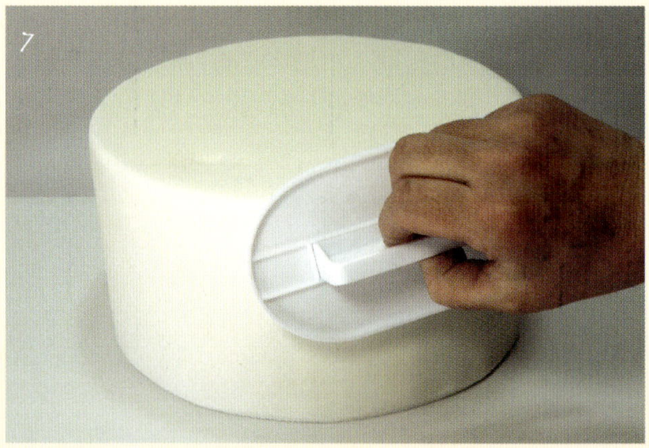

- Pour une finition parfaite, utilisez un lisseur en opérant un mouvement circulaire sur la surface et des va-et-vient tout autour du gâteau.

À savoir

Très important : la pâte à sucre ne supporte ni l'humidité ni la grosse chaleur. En été, pensez toujours à garder vos gâteaux décorés en pâte à sucre à l'abri de la chaleur dans une pièce fraîche. Ne jamais mettre un gâteau couvert de pâte à sucre dans le réfrigérateur.

Les décors en pâte à sucre à poser sur le gâteau (personnages, objets) peuvent être confectionnés une semaine à l'avance et gardés après séchage dans une armoire fermée pour éviter la lumière directe qui risque d'altérer les couleurs foncées. Ils seront collés sur le gâteau avec du glaçage royal. En revanche, les petits détails du décor pourront être confectionnés le jour même et collés avec un pinceau et une goutte d'eau ou de la colle CMC.

Vous trouverez dans les commerces spécialisés de la pâte à sucre toute prête de plusieurs couleurs, très facile à travailler et, contrairement à la pâte faite maison, offrant une longue période de conservation.

Conservez la pâte à sucre toujours dans un sac plastique bien fermé, dans une armoire.

Astuces

Si vous faites vous-même la pâte à sucre, et si vous voulez en colorer une grande quantité, rajoutez le colorant gel dans le liquide pendant la préparation, avant l'ajout du sucre glace.

Pour colorer de petites quantités de pâte déjà prête, utilisez des bâtonnets cocktail avec lesquels vous prenez une pointe de colorant gel, que vous ajoutez au fur et à mesure jusqu'à obtention de la couleur désirée.

Pour les gâteaux carrés, commencez par lisser les angles, la pose sera ainsi parfaite.

Vous trouverez dans le commerce des planches à découper en polyéthylène. Ces ustensiles très lisses permettent d'étaler et de modeler la pâte très facilement.

Les gâteaux à étages

Pour les gâteaux à étages, il faut choisir des bases consistantes comme la génoise, le gâteau au yaourt, le quatre-quarts ou le « madeira » (*voir page 25*). Le système du cerclage est nécessaire pour que le résultat soit parfait.

Chaque gâteau doit être mis sur un carton pâtissier et couvert avec la pâte à sucre.

Le gâteau qui sert d'appui doit présenter une structure interne solide pour supporter le poids de celui qui sera posé dessus.

Pour qu'il ne s'affaisse pas, des bâtons en bois seront placés au centre et à l'intérieur du gâteau de soutien en formant un cercle de diamètre inférieur à celui du gâteau du dessus.

Processus

- Dans un premier temps, dessinez sur le gâteau de soutien la circonférence du gâteau du dessus à l'aide d'un cercle cartonné de même diamètre.

- Après avoir obtenu ce tracé circulaire, calculez la hauteur des bâtons en bois pour le gâteau à étages.

Il existe une autre possibilité de fixer les étages en achetant un matériel spécifique composé d'une assiette et de vis en plastique. Toutefois, la méthode des baguettes en bois fonctionne très bien.

- Enduisez la partie du gâteau de soutien contenant les bâtons en bois avec le glaçage royal pour coller la partie étagée.

- Répétez l'opération pour chaque étage supplémentaire, en posant les bâtons en bois au centre du gâteau de soutien.

À savoir

Le glaçage royal est indispensable entre chaque gâteau pour assurer un maintien efficace de l'ensemble de la structure.

Vous pouvez vous procurer les bâtons en bois (*wooden dowel rods*) sur les sites spécialisés (*voir adresses page 95*).

Les recettes de base

La pâte à sucre

Ingrédients

(pour un gâteau de 30 cm)

1 kg de sucre glace

10 c. à soupe d'eau

3 c. à soupe de gélatine en poudre

3 c. à soupe de glucose

3 c. à soupe de margarine (70 % ou plus de MG) à température ambiante

3 c. à café d'essence d'arôme à votre goût

3 c. à soupe d'amidon (fécule de maïs) pour 500 g de sucre glace

Pour couvrir le gâteau et réaliser quelques modelages, cette recette de Marta Ballina est savoureuse et facile à réaliser.

Astuces

Ne laissez pas la gélatine trop longtemps sur le feu, juste le temps de la liquéfier.

Vous pouvez aussi adapter la pâte à sucre pour les modelages. Ajoutez 1 cuillère à soupe de gomme adragante ou de la CMC à 500 g de pâte à sucre. La CMC est un épaississant (*voir page 19*).

Processus

- Dans une casserole, faites gonfler la gélatine dans l'eau froide pendant 2 à 3 minutes. Mettez au bain-marie pour qu'elle devienne liquide. Retirez la casserole du feu, puis incorporez le glucose dans la préparation chaude mais non bouillante ; mélangez bien, incorporez la margarine et enfin ajoutez l'essence d'arôme.

- Tamisez le sucre glace avec la fécule de maïs et mélangez bien.

- Mettez dans un bol le sucre glace tamisé, faites un puits au centre et versez la préparation liquide jusqu'à obtention d'une pâte que l'on pourra malaxer sur le plan de travail. Saupoudrez de sucre glace si la pâte devient collante. La pâte est bonne quand on peut y enfoncer le doigt sans qu'elle ne colle. La pâte à sucre peut être soit utilisée immédiatement, soit emballée pour une semaine maximum dans un sac en plastique hermétiquement fermé.

- Pour colorer la pâte, mélangez-y quelques gouttes de colorant en gel à l'aide d'un bâtonnet cocktail jusqu'à obtention de la couleur désirée.

À savoir

L'équilibre des ingrédients fait la différence. Les quantités, la texture, la densité et la température, peuvent modifier le résultat.

- L'eau : utilisez la quantité indiquée dans la recette, ni plus ni moins.

- La margarine : préférez la margarine culinaire ; les autres contiennent beaucoup d'eau et peu de gras, ce qui intervient dans la texture de la pâte. Vous trouverez facilement dans le commerce une margarine à 70 % de MG. Utilisez-la à température ambiante.

- La gélatine : choisissez-la sans saveur et sans couleur.

- Le glucose : utilisez le sirop de glucose, que vous trouverez dans les magasins spécialisés. La quantité indiquée dans la recette correspond à une cuillère à soupe bien pleine, soit le volume d'un gros œuf.

Les essences d'arômes pour réaliser les gâteaux, assez peu diffusées, se trouvent maintenant facilement en France.

La pâte à modeler
(gum paste ou pasta de goma)

Ingrédients

(pour 150 g de pâte)

- 50 g de guimauve blanche
- 60 g de sucre glace
- 50 g de fécule de maïs
- 1 c. à soupe d'eau

Cette pâte sera utilisée pour modeler des personnages.

Processus

- Mettez la guimauve et l'eau dans un bol et passez 20 secondes au micro-ondes. Incorporez le sucre glace et la fécule de maïs en malaxant bien.
- Cessez d'ajouter du sucre et de la fécule dès que la pâte ne colle plus aux doigts.
- Cette recette adaptée est parfaite pour modeler des personnages et sèche très vite.

La pâte élastique

Ingrédients

100 g de sucre glace plus l'amidon (3 c. à soupe d'amidon pour 500 g de sucre glace)

65 g de sucre semoule

40 ml d'eau

1 blanc d'œuf

1/2 c. à soupe de gélatine

1 c. à soupe de glucose

1 c. à soupe de CMC

2 c. à soupe d'eau

2,5 c. à soupe de graisse végétale

La quantité de sucre glace pour la confection de la pâte dépend de la quantité de base que vous utiliserez ; pour cela, il vous faudra rajouter le sucre au fur et à mesure.

Cette pâte imite le tissu et sera utilisée pour réaliser quelques fleurs et modelages.

Processus

Pour la préparation de la base :

- Préparez un sirop en filet avec 65 g de sucre semoule et 40 ml d'eau.
- Dissolvez la gélatine avec l'eau. Ajoutez le sirop à la gélatine dissoute, la graisse, le glucose, le sucre glace mélangé à la CMC. Mêlez le tout et ajoutez à la fin le blanc d'œuf non battu.
- Placez cette pâte dans une boîte hermétique et laissez reposer au réfrigérateur pendant 24 heures avant de l'utiliser.
- Lorsque vous en avez besoin, ponctionnez de petites portions pour modeler. Pétrissez-la en ajoutant le sucre glace tamisé jusqu'à ce qu'elle devienne blanche et élastique.
- La base de cette pâte peut se conserver au réfrigérateur 4 mois.

À savoir

Pour colorer la pâte, utilisez des colorants en gel ou pâte que vous introduirez à l'aide d'un bâtonnet cocktail jusqu'à l'obtention de la couleur désirée. Si vous utilisez une quantité importante de colorant pour obtenir une couleur, la consistance de la pâte peut en être modifiée. Vous pouvez rajouter un mélange de sucre glace et d'amidon si la pâte colle aux doigts. La mesure est de 3 cuillères à soupe de fécule de maïs pour 500 g de sucre glace.

Le glaçage royal

Ingrédients

1 blanc d'œuf

250 g de sucre glace

1 c. à café de jus de citron

Le glaçage est utilisé pour décorer avec la poche à douille, coller les gâteaux à étages et les décors en pâte à sucre.

Processus

- Montez le blanc d'œuf en neige avec le batteur, vitesse 1.

- Incorporez petit à petit le sucre glace jusqu'à obtention d'une crème épaisse. Rajoutez le citron.

- Montez le glaçage à grande vitesse pendant 10 minutes.

À savoir

Avec le glaçage royal, vous pouvez coller les décors déjà secs sur la pâte à sucre ou faire directement des décors avec une poche à douille.

Le pastillage

Ingrédients

1 kg de sucre glace

150 g de sucre semoule

115 ml d'eau

1 c. à soupe de gélatine

2 c. à café d'essence d'arôme à votre goût

Le pastillage est utilisé pour faire des constructions.

Processus

- Faites un sirop de sucre en filet en mélangeant le sucre semoule et 75 ml d'eau (température 108/110 °C).
- Dissolvez la gélatine dans 40 ml d'eau et rajoutez au sirop. Incorporez l'essence (à votre goût) et le sucre glace.

Sucre en filet :

- Prenez une goutte de sirop entre le pouce et l'index, puis écartez les doigts : le fil doit être court et très fin.

À savoir

Le pastillage sèche très vite. Gardez-le dans une boîte hermétique. Prélevez uniquement la quantité nécessaire à votre travail immédiat et « filmez » tout de suite le reste pour éviter qu'il ne durcisse et ne devienne inutilisable.

Saupoudrez votre plan de travail de sucre glace pour éviter l'adhérence.

La colle (CMC)

Ingrédients

1/4 de c. à café de CMC

30 ml d'eau

Pour assembler des éléments en pâte à sucre entre eux ou fixer des décors déjà secs sur un gâteau.

Garnitures

Vous pouvez utiliser des fruits comme garniture, à condition qu'ils soient cuits. Les fruits nature dégorgent, ce qui est une catastrophe pour la pâte à sucre...

Processus

- Mélangez la poudre et l'eau dans un petit récipient hermétique.
- Laissez reposer 6 heures avant utilisation afin que l'eau absorbe la poudre.
- Conservez la colle au réfrigérateur dans un contenant fermé.

À savoir sur le CMC *ou* E466

Le Carboxymethyl Cellulose (CMC), ou E 466, est fabriqué à partir de la cellulose (principal constituant du bois et des plantes).

Fréquemment utilisé comme agent épaississant et gélifiant, il entre dans la composition de nombreux produits alimentaires et ne présente aucune restriction de consommation, qu'elle soit d'ordre religieux ou diététique.

Dans les recettes de pâte à sucre, le CMC est utilisé en substitut (beaucoup plus économique) de la gomme adragante et permet de confectionner des pâtes idéales pour le modelage.

- Pour 500 g de pâte à sucre, saupoudrez le plan de travail d'une cuillère à soupe de CMC, travaillez la pâte pour l'assouplir et incorporez le CMC.
- Vérifiez la consistance : si la pâte reste collante, ajoutez un peu de sucre glace et d'amidon.
- Enveloppez la pâte dans un film plastique alimentaire, puis enfermez-la dans un sac plastique afin de bien la protéger de l'air.
- Laissez reposer la pâte au moins une heure avant de l'utiliser.

Crème d'œufs au lait de coco

Ingrédients

(pour une génoise de 26 cm)

100 g de sucre semoule

24 g de fécule de maïs

15 g de beurre doux

200 ml d'eau

200 ml de lait de coco

2 clous de girofle

8 jaunes d'œufs écrasés à la passoire (pour enlever la pellicule qui entoure le jaune)

Processus

- Dans une casserole, portez l'eau à ébullition, les clous de girofle et le sucre pour obtenir un sirop bien épais.
- Éteignez le feu, incorporez le beurre.
- À part, mélangez les jaunes d'œufs, le lait de coco et la fécule de maïs. Incorporez ce mélange au sirop et remettez la casserole sur le feu.
- Remuez jusqu'à l'obtention d'une crème lisse et brillante.

Garniture aux abricots

Ingrédients

(pour une génoise de 26 cm)

400 g d'abricots secs

120 g de sucre semoule

200 ml d'eau

Processus

- Réunissez les ingrédients dans une casserole, mélangez et portez sur feu doux pendant 45 minutes, jusqu'à ce que les abricots soient mous.
- Passez au mixeur pour faire une compote. Égouttez-la et récupérez le jus pour arroser les gâteaux. Avec la pulpe, garnissez les génoises.

Astuce

Les abricots peuvent être remplacés par de l'ananas frais, ou un autre fruit.

Ganache au chocolat

Ingrédients

200 g de chocolat couverture noir

125 g de crème fleurette

50 g de beurre

Crème de lait

Processus

- Faites bouillir la crème fleurette et versez-la sur le chocolat noir coupé en morceaux.
- Mélangez jusqu'à obtention d'une pâte homogène. Incorporez le beurre en petits morceaux.

La ganache doit être froide et ferme pour garnir les génoises.

Garniture de crème de lait

Ingrédients

(pour une génoise de 26 cm)

1 boîte de lait concentré

Crème fraîche

Processus

- Posez 1 boîte de lait concentré sucré dans la Cocotte-Minute et recouvrez d'eau ; cuisez pendant 50 minutes.
- Vous pouvez alléger l'excès de saveur sucrée avec un peu de crème fraîche.

Attention à la consistance qui ne doit pas être trop molle.

Génoise mousseline

Ingrédients

(pour un moule de 26 cm)

4 œufs

320 g de sucre

340 g de farine

200 ml de lait chaud avec 1 c. à café de beurre

1 sachet de levure

Processus

- Tamisez votre moule avec beurre et farine.
- Dans le batteur, montez les œufs et le sucre. Le mélange doit blanchir et doubler de volume.
- Ajoutez la farine délicatement tamisée après la levure.
- En dernier, incorporez doucement le lait chaud avec une spatule.
- Versez l'appareil dans le moule préalablement chemisé de papier sulfurisé.
- Faites cuire pendant 40 minutes à four moyen (180 °C, thermostat 6).

Astuces

Le gâteau est cuit lorsqu'il est ferme au toucher ; une lame de couteau doit en ressortir nette.

Laissez la génoise refroidir quelques minutes dans le moule, démoulez-la sur une grille, enlevez le papier sulfurisé et laissez-la refroidir complètement avant de l'imbiber de sirop.

Génoise chocolat

Ingrédients

(pour un moule de 26 cm)

4 œufs

350 g de sucre

400 g de farine

150 g de chocolat en poudre

180 ml d'huile de tournesol

200 ml d'eau chaude

1 sachet de levure

Processus

- Battez les jaunes, le sucre et l'huile.
- Rajoutez le chocolat et l'eau, mélangez bien.
- Ajoutez doucement la farine et la levure.
- Battez les blancs et incorporez doucement à la pâte avec une spatule.
- Préchauffez le four à 190 °C (thermostat 6/7) et laissez cuire 45 minutes.

Gâteau chocolat et noix de coco

Ingrédients

(pour un moule de 26 cm)

3 œufs

240 g de sucre

125 g de beurre fondu

240 g de farine tamisée

133 g + une 1/2 tasse de lait

100 g de noix de coco sèche

120 g de vermicelles chocolat

1 sachet de levure chimique

Processus

- Préchauffez le four à 200 °C (thermostat 7).
- Avant de commencer le gâteau, hydratez la noix de coco dans une demi-tasse de lait pendant 10 minutes.
- À l'aide d'un batteur, mélangez les œufs, le beurre et le sucre jusqu'à obtention d'une crème bien claire. Diminuez la vitesse, incorporez en alternance la farine tamisée et le lait.
- Avec une spatule, incorporez doucement la levure, puis la noix de coco et les vermicelles chocolat.
- Laissez cuire pendant environ 45 minutes.

Génoise à l'orange

Ingrédients

(pour un moule de 26 cm)

4 jaunes d'œufs

240 g de sucre semoule

240 g de farine tamisée

200 ml de jus d'orange frais

1 sachet de levure

Processus

- Préchauffez le four à 200 °C (thermostat 7).
- Battez les jaunes d'œufs et le sucre. Le mélange doit blanchir et doubler de volume. Incorporez délicatement en alternance la farine tamisée et le jus d'orange. En dernier, rajoutez la levure.
- Laissez cuire pendant 40 minutes environ à 180 °C (thermostat 6).

24 Gâteau aux fruits

Ingrédients

(pour un moule de 26 cm)

2 bananes coupées en rondelles

2 pommes coupées en morceaux

50 g d'abricots secs

25 g de raisins secs

200 g de flocons d'avoine

100 g de beurre

300 g de farine

200 g de sucre

3 œufs

1 c. à soupe de cannelle en poudre

1 sachet de levure

Processus

- Préchauffez le four à 180 °C (thermostat 6).
- Mélangez les fruits avec l'avoine et la cannelle. Réservez.
- Battez les œufs, le sucre et le beurre. Ajoutez doucement la farine et la levure.
- Incorporez le mélange de fruits à la pâte avec une spatule.
- En dernier, rajoutez délicatement la levure.
- Laissez cuire environ 45 minutes.

gâteau madeira

Ingrédients

3 œufs

130 g de beurre

150 g de sucre en poudre

100 g de farine

50 g d'amandes en poudre

3 c. à soupe de jus de citron

2 c. à soupe de zestes de citron

1 sachet de levure chimique

Processus

- Préchauffez le four à 180 °C (thermostat 6).
- Mélangez le beurre en pommade avec le sucre et les zestes de citron jusqu'à obtenir une crème blanche et mousseuse.
- Ajoutez ensuite les œufs un par un et le jus de citron. Mélangez bien.
- Incorporez la farine et la levure en mélangeant délicatement, puis les amandes en poudre.
- Laissez cuire 40 à 45 minutes à 180 °C.

À savoir

Ferme et compact, le madeira est idéal pour bien réussir les gâteaux à plus de deux étages.

Astuces

Si vous posez une feuille de papier cuisson à la taille du fond de votre moule, le démoulage de la génoise deviendra un jeu d'enfants. Beurrez et farinez les bords.

Pour la cuisson des gâteaux, le four doit toujours être préchauffé à une température plus haute, car il perd quelques degrés au moment de l'ouverture. N'oubliez pas de mettre la bonne température de cuisson.

Les œufs et le beurre doivent être toujours être à température ambiante.

Attendez que la génoise se rétracte un peu pour la démouler ; laissez-la refroidir sur une grille. Elle évacuera ainsi toute l'humidité qu'elle contient.

Gâteaux de fêtes

Le Zebrose

Ingrédients

500 g de pâte à sucre blanche

300 g de pâte à sucre noire

200 g de pâte à sucre rose

Eau

Génoise

1 génoise ronde de 15 cm de diamètre et de 10 cm de hauteur

Ustensiles

Rouleau à pâtisserie

Roulette à découper

Pinceau fin

Plat de service

Astuce

Il est difficile d'obtenir de la pâte noire avec des colorants alimentaires. Mieux vaut l'acheter toute prête dans un magasin spécialisé.

Processus

- Aplatissez et amincissez la pâte à sucre blanche et couvrez-en la génoise (voir pages 9 à 11).

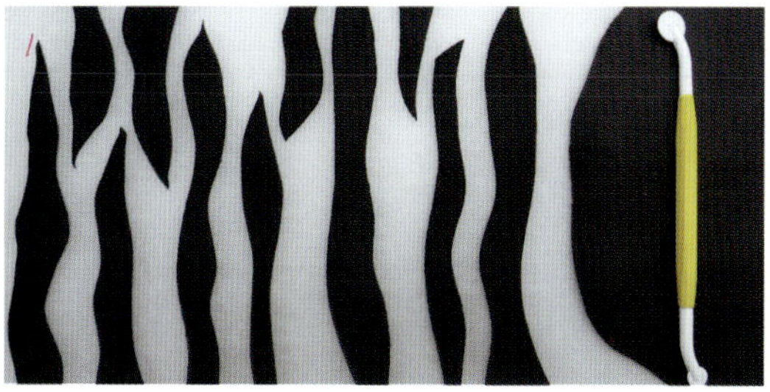

- Étalez finement la pâte à sucre noire, puis découpez à l'aide de la roulette des formes zébrées (photo 1).

- Avec un pinceau humide, mouillez légèrement l'envers des bandes et disposez-les sur le gâteau (photo 2).

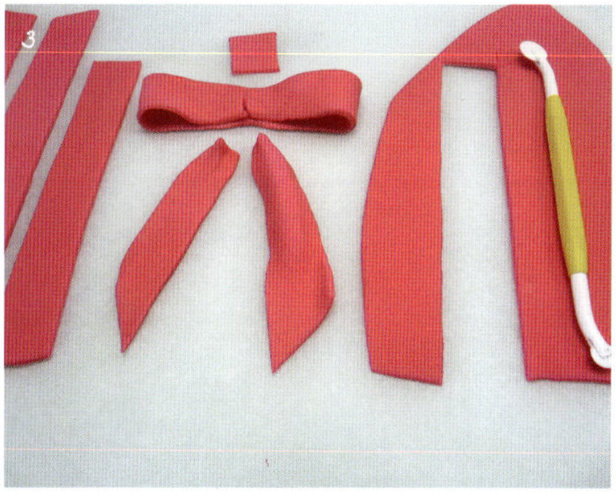

- Étalez finement la pâte à sucre rose ; découpez trois bandes et un petit rectangle pour le nœud, une grande bande pour le ruban (photo 3). Mouillez légèrement l'envers du ruban avec un pinceau humide, puis fixez-le sur le gâteau. Faites de même pour le nœud.

Feuilles

Ingrédients

750 g de pâte à sucre noire
650 g de pâte à sucre vert anis
Eau

Génoises

1 génoise ronde de 20 cm de diamètre et de 10 cm de hauteur
1 génoise ronde de 15 cm de diamètre et de 10 cm de hauteur

Ustensiles

1 assiette transparente de 25 cm de diamètre
Grand rouleau à pâtisserie
Petit rouleau à pâtisserie
Bâtons en bois pour gâteau à étages
Découpoir feuille de pivoine
Douille 8 mm
Roulette à couper droit
Pinceau fin

Astuce

Pour remplacer le découpoir feuille, faites selon un modèle ou en suivant votre inspiration un patron en papier. Posez le patron sur la pâte étalée, et découpez avec un couteau tout autour.

Processus

- Superposez les gâteaux en étages en suivant les indications des pages 12 et 13.
- Couvrez la grande génoise avec de la pâte à sucre noire, la petite avec de la pâte vert anis.

- Le nœud : découpez une grande bande de 2 cm de large, la longueur correspondant à la circonférence du gâteau. Collez-la à la base à l'aide d'un pinceau humide.
- Découpez deux bandes de même taille pour le nœud et une plus petite, et collez-les suivant le schéma de la photo. Découpez deux bandes de 2 cm de large pour les retombées du ruban que vous froncerez légèrement (*photo 1*) avant de les coller de chaque côté du nœud.

- Les feuilles : étalez la pâte à sucre vert anis. Découpez des feuilles avec le découpoir feuille de pivoine, et des petits ronds avec des douilles ou découpoirs ronds (photo 2). Faites de même avec la pâte à sucre noire.
- Collez harmonieusement les feuilles noires sur le gâteau vert et les feuilles vertes sur le gâteau noir à l'aide d'un pinceau humide.

Inspiration bleue

Ingrédients

1,5 kg de pâte à sucre blanche

350 g de pâte à sucre noire

350 g de pâte à sucre vert clair

350 g de pâte à sucre bleue

Glaçage royal

Eau ou colle CMC

Génoises

1 génoise ronde de 20 cm de diamètre et de 10 cm de hauteur

1 génoise ronde de 16 cm de diamètre et de 10 cm de hauteur

Ustensiles

1 assiette ou 1 plateau noir carré de 24 cm de côté

Grand rouleau à pâtisserie

Petit rouleau à pâtisserie

Douille 8 mm

Roulette à découper ou scalpel

Papier cuisson

Seringue à bout rond

Bâtons en bois pour gâteau à étages

Pinceau fin

Processus

- Supperposez les gâteaux en étages en suivant les indications des pages 12 et 13.
- Couvrez les deux gâteaux avec la pâte à sucre blanche (voir pages 9 à 11).

- Faites un patron avec une feuille de papier cuisson et découpez-le en forme de vagues (photo 1).
- Étalez les pâtes bleue et verte. Posez le premier patron sur la pâte verte et coupez des bandes en suivant le mouvement des vagues à l'aide d'un scalpel ou de la roulette. Coupez la pâte bleue avec l'autre partie du patron. Les deux parties doivent s'emboîter.

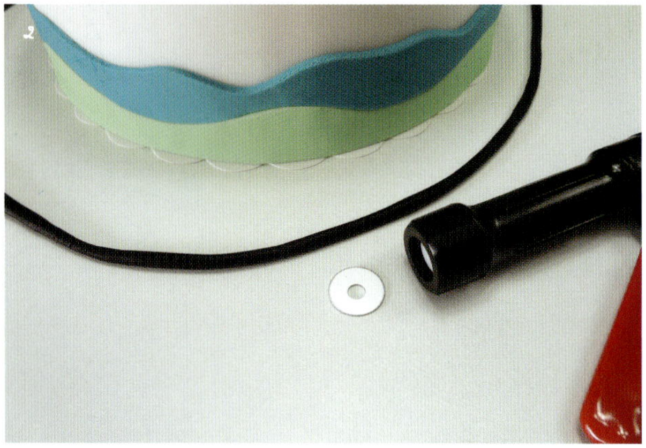

- Collez les bandes tout autour du premier gâteau comme sur la photo 2.
- Avec la seringue à bout rond, façonnez un boudin fin et collez-le sur la bande bleue (photo 2).

- Avec le papier cuisson, faites un patron de taille un petit peu plus grande que la circonférence du premier gâteau (photo 3). Dessinez les vagues autour du cercle, coupez-le. Étalez la pâte à sucre noire, posez le patron dessus et découpez à l'aide d'une roulette ou d'un scalpel.
- Collez le cercle de pâte noire sur le premier gâteau.

- Pour le gâteau du dessus, répétez les étapes 2 et 3. Collez verticalement les bandes bleues et vertes ainsi que le boudin noir. Étalez la pâte noire et découpez des petits ronds avec la douille (photo 4). Collez-les sur la bande bleue.

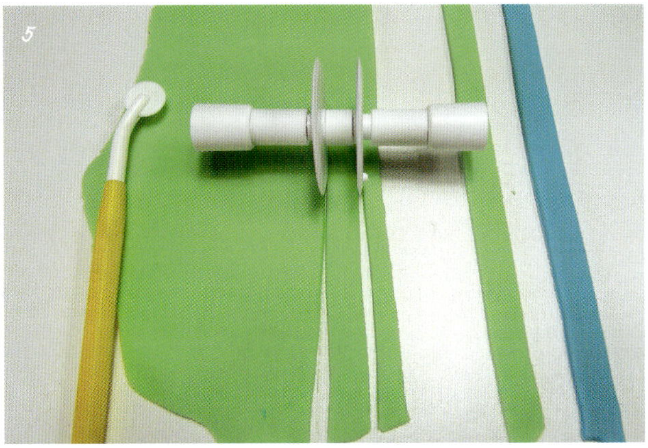

- Étalez la pâte à sucre verte et bleue. Avec la roulette, coupez deux bandes vertes de 2 cm et une bleue.
- Faites deux boudins fins avec la pâte noire. Collez la bande bleue au milieu des bandes déjà collées sur le gâteau. Juste à côté, collez les bandes vertes, et ensuite les boudins noirs, comme sur la photo du gâteau.
- Découpez plusieurs petits ronds avec la douille et collez-les à l'aide d'un pinceau humide sur la partie blanche du deuxième gâteau.

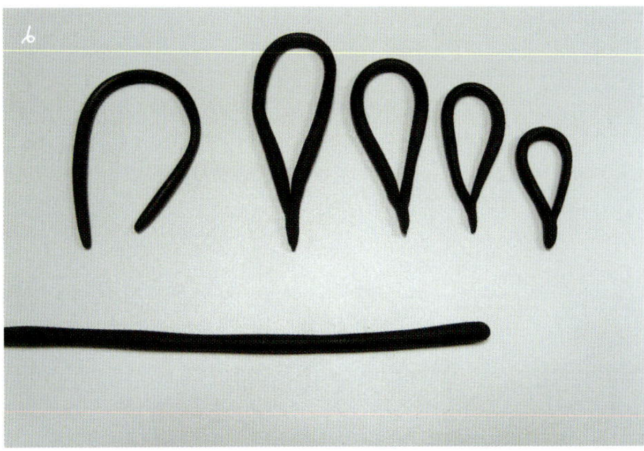

- Roulez des petits boudins avec la pâte à sucre noire et arrondissez-les. Modelez une pointe comme sur la photo 6. Laissez sécher.

- Façonnez une boule avec la pâte noire et disposez dessus les petits lacets. Collez sur le gâteau.

noir et blanc

Ingrédients

2,05 kg de pâte à sucre blanche pour le plateau dont :

700 g pour le gâteau de 20 cm

450 g pour le gâteau de 15 cm

300 g pour le gâteau de 10 cm

600 g de pâte à sucre noire

Glaçage royal

Génoises

1 génoise carrée de 20 cm de diamètre et de 10 cm de hauteur

1 génoise carrée de 15 cm de diamètre et de 10 cm de hauteur

1 génoise carrée de 10 cm de diamètre et de 10 cm de hauteur (recette page xx)

Ustensiles

1 plateau carré de 30 cm de côté

Grand rouleau à pâtisserie

Petit rouleau à pâtisserie

310 cm de ruban noir (2 cm de largeur)

Emporte-pièces goutte (1 grand et 1 petit)

Emporte-pièce rond ou douille de 8 mm

Découpoir fleur

Roulette à découper

Bâtons en bois pour gâteau à étages

Pinceau fin

Processus

- La veille, abaissez 300 g de pâte à sucre blanche, couvrez-en le plateau et laissez sécher (explications pages 9 à 11).
- Le lendemain, couvrez les trois génoises avec la pâte à sucre blanche selon la méthode des pages 9 à 11.
- Superposez les gâteaux en étages en suivant les indications des pages 12 et 13.
- Collez le ruban noir autour des gâteaux avec le glaçage royal.

- Étalez finement la pâte à sucre noire et découpez avec un emporte-pièce les grandes formes des gouttes. Évidez ensuite l'intérieur de la goutte avec l'emporte-pièce de taille inférieure (photo 1).

Astuce

Préparez à l'avance la colle CMC (voir page 19) ainsi que les petites tiges qui seront fixées sur le gâteau un jour avant. Elles doivent être dures au toucher.

- Avec un pinceau légèrement humide, mouillez l'envers des grandes et des petites gouttes et fixez-les sur les côtés du gâteau de base (photo 2).

- Pour le dernier étage, découpez les fleurs à l'aide d'un emporte-pièce et faites un petit trou au milieu. Coupez deux petites bandes à l'aide de la roulette, mettez-les en forme comme sur la photo 4. Avec le pinceau, humidifiez légèrement les fleurs et les bandes et collez le tout sur les côtés de l'étage.

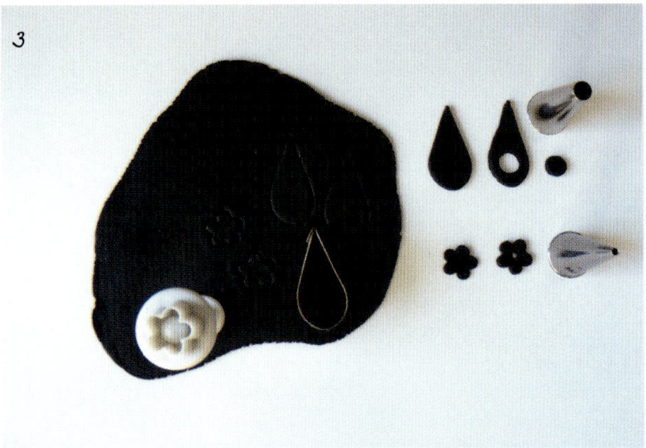

- Répétez l'opération pour le deuxième gâteau. Découpez la pâte noire à l'aide d'un petit emporte-pièce goutte et d'un emporte-pièce rond (photo 3). Avec le pinceau, humidifiez légèrement l'envers des formes, puis fixez-les sur les côtés de l'étage.

- Pour le dessus du gâteau, que vous aurez réalisé la veille, faites deux boudins noirs auxquels vous donnerez une forme arrondie (photo 5). Il faut en effet qu'ils durcissent bien pour être fixés sur la petite fleur à l'aide de la colle CMC.

Printemps

Ingrédients

1,5 kg de pâte à sucre blanche

70 g de pâte à sucre noire

300 g de pâte à sucre verte

300 g de pâte à sucre bleu clair

300 g de pâte à sucre rose

Glaçage royal

Eau

Génoises

1 génoise ronde de 20 cm de diamètre et de 10 cm de hauteur

1 génoise ronde de 16 cm de diamètre et de 10 cm de hauteur

Ustensiles

1 plateau rond de 26 cm de diamètre

70 cm de ruban noir

Grand rouleau à pâtisserie

Petit rouleau à pâtisserie

Découpoirs fleurs 5 pétales (3 tailles différentes)

Douille 8 mm

Roulette à découper ou scalpel

Bâtons en bois pour gâteau à étages

Piques pour fleurs fraîches (pour l'insertion de fil de fer fleuriste dans le gâteau)

Fil de fer fleuriste

Pinceau fin

Processus

- Couvrez les deux gâteaux avec la pâte à sucre blanche.
- Superposez les gâteaux en étages en suivant les indications des pages 12 et 13.

- Étalez la pâte à sucre rose. Découpez des fleurs de tailles différentes à l'aide des découpoirs adéquats. Faites de même avec les pâtes verte, blanche et bleu clair. Avec la pâte à sucre noire, découpez de toutes petites fleurs (photo 1). Collez harmonieusement autour du premier gâteau des fleurs de tailles et de couleurs différentes.

À savoir

Un fil de fer ne doit jamais être en contact avec les génoises.

Les piques pour fleurs fraîches sont spécialement conçues pour accueillir des fleurs fraîches ou des fils de fer.

Astuce

Utilisez une paille de la hauteur du gâteau et introduisez-y les fils de fer.

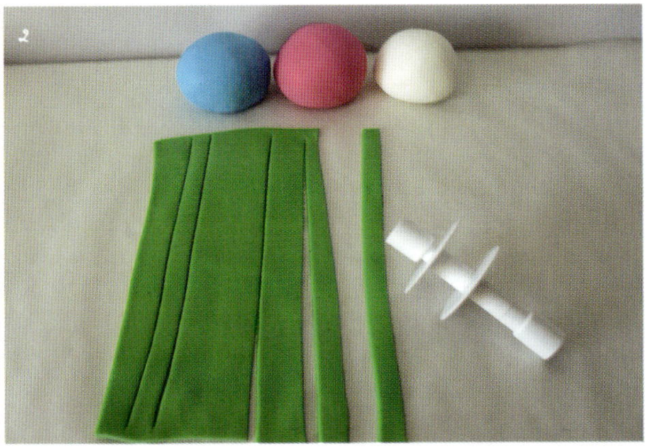

- Étalez la pâte à sucre verte. Découpez des bandes de 10 cm de long et de largeurs différentes avec la roulette ou un couteau (photo 2). Faites de même avec la pâte à sucre rose, la bleue et la blanche. Collez tout autour du deuxième gâteau en intercalant les couleurs.

- Coupez plusieurs fils de fer fleuriste de tailles différentes et collez les fleurs déjà découpées à l'aide d'un pinceau légèrement humide (photo 4). Laissez sécher.

- Faites des petites boules noires et collez-les au centre des grandes fleurs (photo 3).

- Posez les piques pour fleurs au centre du dernier gâteau, et pour une meilleure finition, collez une fleur noire sur la base pour cacher l'ouverture (photo 5). Placez-y les fleurs sur tige dès qu'elles sont sèches.

Pique-miel

Ingrédients

800 g de pâte à sucre blanche

200 g de pâte à sucre verte

50 g de pâte à sucre rouge

100 g de pâte élastique blanche

100 g de pâte élastique jaune

50 g de pâte élastique noire

Colle CMC

Génoise

1 génoise ronde de 20 cm de diamètre et de 10 cm de hauteur

Ustensiles

1 plateau rond de 30 cm de diamètre

102 cm de ruban blanc

Grand rouleau à pâtisserie

Petit rouleau à pâtisserie

Découpoirs marguerite

Découpoir papillon

Fil de fer fleuriste blanc 24

Pinceau fin

Volant droit herbe

Feutre alimentaire noir

Une paille

Bâtonnet cocktail

Processus

- La veille, recouvrez votre plateau avec la pâte à sucre blanche.
- Le lendemain, collez le ruban blanc sur la tranche du plateau.
- Recouvrez le gâteau avec la pâte à sucre blanche.

Astuce

Vous pouvez aussi utiliser un colorant alimentaire noir et un pinceau pour les détails des coccinelles et les tirets noirs.

Marguerites

- Étalez la pâte élastique blanche sur une épaisseur de 5 mm et découpez des marguerites avec les découpoirs. Modelez des petites boules et collez-les au centre des fleurs (photo 1). Coupez des fils de fer blancs de différentes tailles (entre 15 cm et 20 cm environ).
- Enduisez les pointes des fils de fer de colle CMC et plantez dessus les marguerites. Laissez bien sécher.

Corps de l'abeille (photo 2)

- Modelez avec la pâte élastique jaune un gros boudin pour le corps, et deux petits en affinant un côté pour former les pattes.
- trois petites bandes avec la pâte noire, collez-les . Faites deux petits boudins avec la pâte noire ssures. Enfoncez et collez les pattes dans les de d'un pinceau fin et humide.

Tête de l'abeille (photo 3)

- Modelez une boule avec la pâte élastique jaune. Marquez les yeux, le nez et la bouche. Collez sur le nez une petite boule de pâte jaune et deux petites boules noires pour les yeux. Étalez la pâte noire et découpez une pièce identique à celle de la photo. Collez-la sur la tête. Faites deux petits boudins jaunes affinés aux bouts. Modelez deux petites boules de pâte blanche, puis enfoncez-les et collez-les au bout des bras. Coupez deux petits morceaux de fil de fer blanc pour les antennes et piquez-les sur la tête.

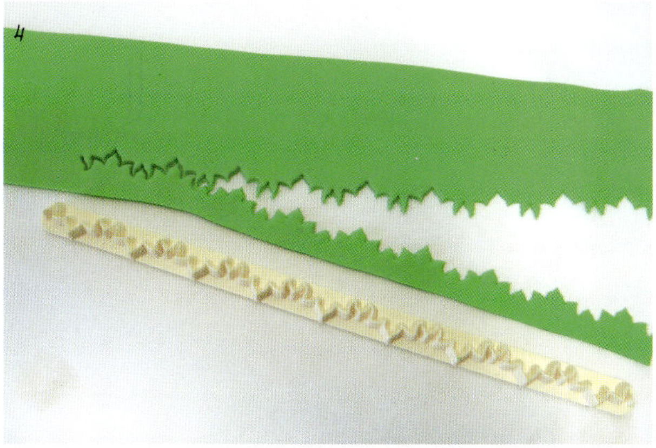

Herbe

- Étalez la pâte à sucre verte et découpez deux bandes avec le volant droit de la taille de la circonférence du gâteau (photo 4). Collez une bande à la base du gâteau et l'autre sur le plateau.

Coccinelles

- Modelez des boules de pâte à sucre rouge. Aplatissez-les pour les allonger un peu. À l'aide d'un bâtonnet cocktail, tracez une marque tout le long du corps de la coccinelle. Faites des petites boules de pâte noire pour la tête et collez-les avec le corps. Avec le feutre alimentaire noir, faites des petits points sur le corps et un trait noir sur le dos (photo 5).

Finitions

- Découpez plusieurs marguerites avec des découpoirs de différentes tailles. Collez-les autour et sur le gâteau de façon harmonieuse à l'aide d'un pinceau humide. Faites de même pour les coccinelles et l'abeille.
- Derrière l'abeille, enfoncez une paille de la hauteur du gâteau, dans laquelle vous enfilerez les tiges des marguerites.
- Avec le feutre alimentaire noir, tracez des petits tirets qui représenteront le chemin parcouru par la coccinelle (photo 6).

Mas doré

Ingrédients

1 kg de pâte à sucre blanche

500 g de pâte à sucre vert feuille

200 g de pâte élastique lilas

500 g de pâte élastique ivoire

100 g de pâte élastique marron

200 g de pâte élastique vert feuille

100 g de pâte élastique jaune

30 g de pâte élastique orange

500 g de glaçage royal

Colorant en poudre jaune

Alcool de céréale

Génoise

1 génoise carrée de 30 cm de diamètre et de 10 cm de hauteur

Ustensiles

1 plateau carré de 40 cm de côté

160 cm de ruban vert

Grand rouleau à pâtisserie

Petit rouleau à pâtisserie

Découpoirs petites fleurs

Découpoir lierre

Découpoir de 4 x 2 cm

Ébauchoir boule

Fil de fer vert 20

Piques en bois

Pinceau large

Pinceau fin

Processus

- La veille, couvrez le plateau avec la pâte à sucre vert feuille et laissez sécher. Le lendemain, pour une belle finition, collez le ruban vert autour du plateau avec le glaçage royal.
- Couvrez le gâteau avec la pâte à sucre blanche.

Porte

- Étalez la pâte élastique lilas et découpez deux rectangles. Marquez les lattes avec une règle. Découpez deux grandes bandes et deux petites. Découpez un rectangle de pâte blanche, et trois boudins de pâte lilas pour les vitres. Marquez les clous sur les bandes de la porte. Collez-les comme indiqué sur la photo 1. Découpez un fronton avec la pâte lilas.

2

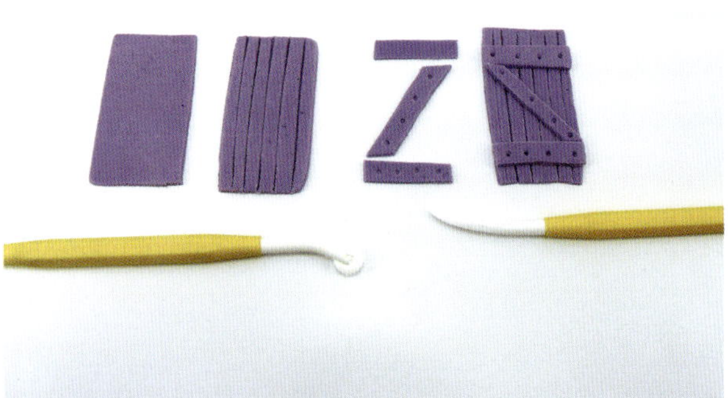

Fenêtre et porte latérales

- Suivez les indications données ci-dessus pour la porte, en modifiant seulement la taille. N'oubliez pas de marquer les clous sur les bandes de la fenêtre (photo 2).
- À l'aide d'un pinceau fin, collez le tout sur la façade de la maison.

Lierre

- Étalez la pâte élastique verte et découpez des feuilles à l'aide du découpoir lierre. Faites un boudin avec la pâte à sucre marron. Collez le boudin sur la façade et les feuilles dessus (photo 3).

Peinture de la maison

- Dans un petit récipient, préparez la couleur jaune avec le colorant en poudre et l'alcool, mélangez bien. À l'aide d'un pinceau large, peignez les murs de la maison de façon circulaire afin d'imiter une patine.

Cailloux

- Avec la pâte ivoire, découpez des petits morceaux et modelez des formes irrégulières. Collez-les devant les portes avec un pinceau humide.

Fleurs jaunes

- Étalez la pâte élastique jaune et découpez plusieurs fleurs à l'aide du découpoir ci-dessus photo 4. Faites des petites boules marron pour coller au centre des fleurs.

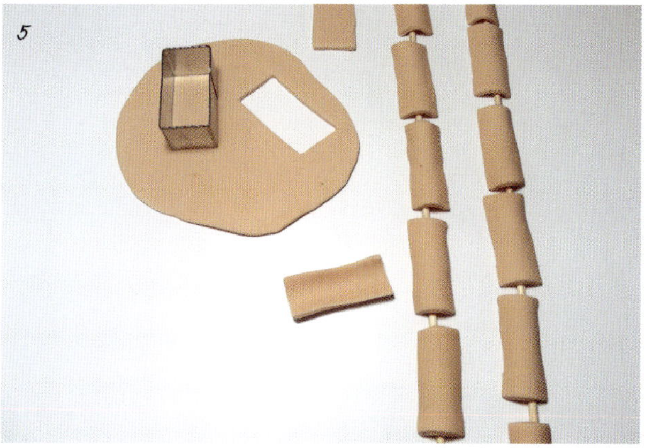

Tuiles

- Étalez la pâte élastique couleur ivoire et découpez les tuiles avec un découpoir rectangulaire d'environ 4 cm de long (photo 5). Donnez-leur une forme bombée en les faisant sécher sur des piques en bois. Disposez-les sur le glaçage royal (qui servira de colle), en faisant se chevaucher les rangées.

Toit

- Réalisez 500 g de glaçage royal, que vous étalerez sur le gâteau, et déposez-le en pente du centre vers l'extérieur. Cela nécessitera peut-être plusieurs couches (photo 6). Laissez sécher un peu entre chacune d'elles, la dernière devant être fraîche pour la pose des tuiles.

- Superposez une rangée de tuiles en partant de chaque angle au centre du toit (photo 7).

Pots

- Modelez quelques pots avec la pâte à sucre marron. Faites un boudin avec la pâte verte. Découpez plusieurs fleurs blanches et jaunes, puis collez-les sur le boudin vert.

Plantes

- Étalez la pâte à sucre verte. À l'aide de la roulette, découpez une bande de pâte en forme de vague. Enroulez cette bande sur elle-même et collez-la à l'intérieur du pot marron. Pour le pot, suivez les indications ci-dessus.

Fleurs blanches

- Modelez des pots orange, et collez à l'intérieur une boule de pâte marron qui figurera la terre. Étalez la pâte blanche et découpez des petites fleurs. Collez au milieu des fleurs une boule jaune.
- Coupez plusieurs fils de fer verts sur lesquels vous collerez les fleurs, et le tout dans les pots.

Façade

- Créez des plantes et des fleurs selon votre goût pour décorer la façade de la maison.

Tournesol

Ingrédients

700 g de pâte à sucre rouge

50 g de pâte à sucre marron

20 g de pâte à sucre noire

350 g de pâte élastique jaune

Glaçage royal

Eau ou colle CMC

Génoise

1 génoise ronde de 20 cm de diamètre et de 10 cm de hauteur

Ustensiles

1 plateau rond de 25 cm de diamètre

80 cm de ruban rouge

Grand rouleau à pâtisserie

Petit rouleau à pâtisserie

Découpoirs tournesol

Découpoirs fleur

Petite passoire en fer

Pinceau large

Pinceau fin

Feutre ou colorant alimentaire noir

Processus

- La veille, recouvrez le plateau de pâte à sucre rouge et laissez sécher. Le lendemain, pour une belle finition, collez le ruban rouge autour du plateau avec le glaçage royal (*page 17*).

- Couvrez le gâteau avec la pâte à sucre rouge.

Astuces

Utilisez une petite passoire en fer pour imprimer les marques du centre du tournesol.

Commencez les modelages des abeilles par la couleur la plus claire, car la pâte noire laisse des traces sur les mains, même après lavage.

Abeilles

- Modelez un petit boudin avec la pâte élastique jaune pour le corps et une boule noire pour la tête. Faites un trou sur le dos là où seront posées les ailes. Collez le corps et la tête (photo 1). Laissez sécher. Tracez des traits au feutre alimentaire ou avec le colorant alimentaire noir sur le corps. Étalez la pâte à sucre blanche et découpez des fleurs, que vous allez ensuite scinder en deux pour les ailes. Collez-les avec de l'eau ou de la colle CMC sur le dos de l'abeille.

Tournesols

- Étalez la pâte élastique jaune. Découpez avec les découpoirs tournesol plusieurs fleurs de différentes tailles. Collez les plus petites sur les plus grandes. À l'aide de l'ébauchoir, soulevez les pétales. Façonnez des petites boules marron et collez-les au centre des tournesols. Pressez la passoire sur le cœur des fleurs pour y imprimer le dessin (photo 2).

- À l'aide d'un pinceau fin humide, collez les tournesols en les disposants de façon harmonieuse tout autour du gâteau. Collez un tournesol plus grand sur le plateau, ainsi que quelques abeilles, sur le plateau et le gâteau (photo 3).

Astral

Ingrédients

1,5 kg de pâte à sucre blanche

350 g de pâte à sucre noire

250 g de pâte à sucre bleu foncé

250 g de pâte à sucre bleu clair

Colle CMC

Génoises

1 génoise ronde de 20 cm de diamètre et de 10 cm de hauteur

1 génoise ronde de 15 cm de diamètre et de 10 cm de hauteur

Ustensiles

1 assiette transparente de 25 cm de diamètre

Grand rouleau à pâtisserie

Petit rouleau à pâtisserie

Bâtons en bois pour gâteau à étages

Découpoir étoile

Fil de fer blanc 26

Roulette couture

Pinceau fin

Volant droit

Règle

Une paille

Processus

- Couvrez les deux gâteaux avec la pâte à sucre blanche.

- Superposez les gâteaux en étages en suivant les indications pages 12 et 13.

Astuce

Pour remplacer le volant droit, faites un patron suivant le modèle en papier. Posez le papier sur la pâte déjà étalée, et découpez tout autour avec un scalpel ou un couteau.

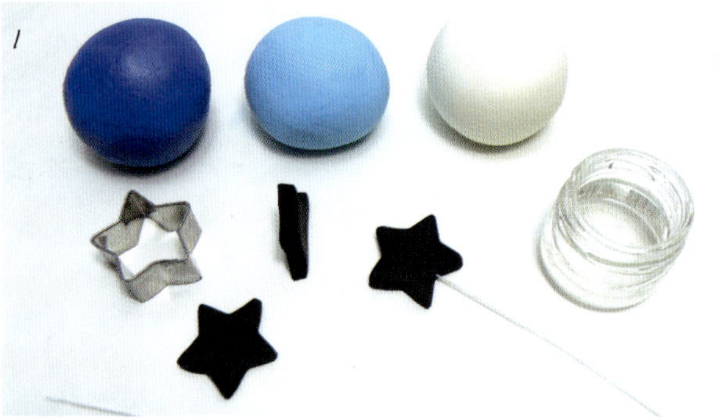

Étoiles (photo 1)

- Étalez les pâtes noire, bleu clair, bleu foncé et blanche, sur une épaisseur de 5 mm. Découpez plusieurs étoiles de chaque couleur. Coupez autant de fils de fer blancs de 20 cm environ.

- Encollez une pointe de chaque fil de fer de CMC et enfoncez les étoiles sur ces pointes. Laissez bien sécher, environ 4 heures.

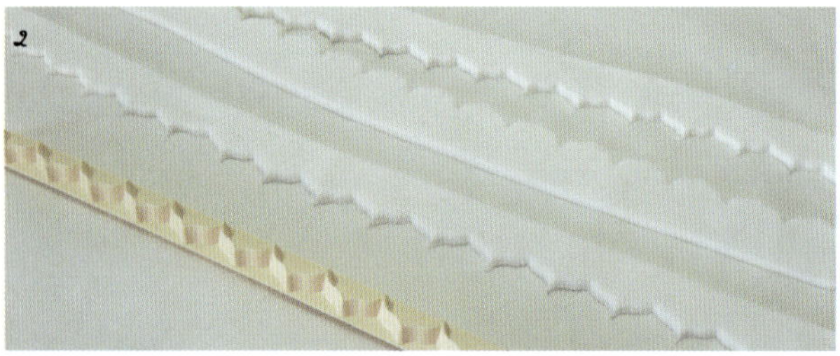

Bandes horizontales

- Étalez la pâte à sucre blanche et découpez des bandes avec le volant droit (photo 2). Collez-les l'une sur l'autre sur l'assiette à la base du gâteau en intercalant les dents, la dernière bande ayant le même diamètre que la base du gâteau. Faites de même pour les deux autres niveaux du gâteau après les avoir superposés (photo 3).

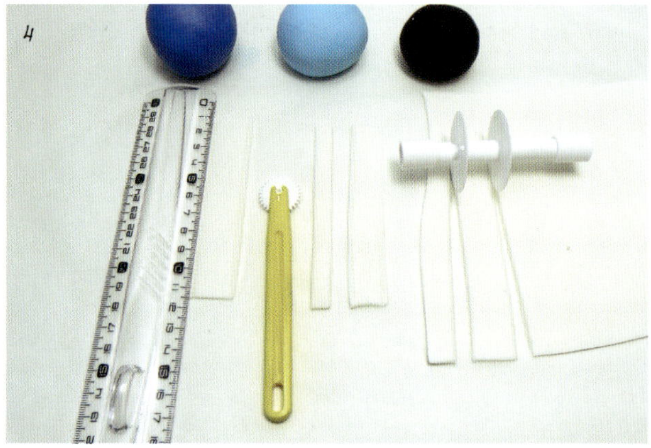

Bandes verticales

- Étalez les pâtes noire, bleu foncé, bleu clair et blanche. Découpez des bandes de différentes largeurs et de la hauteur des gâteaux.

- Soulignez les bords des bandes avec la roulette couture en vous appuyant sur la règle.

- Collez les bandes de différentes couleurs sur le pourtour de chaque gâteau.

- Sur le dessus : étalez la pâte à sucre noire et découpez un cercle pour faire la finition sur les bandes blanches sur le gâteau. Insérez une paille à la hauteur du dernier gâteau, puis insérez les fils d'étoiles (photo 4).

Gourmandises

Ingrédients

2 kg de pâte à sucre blanche

400 g de pâte à sucre rose

70 g de pâte à sucre marron

50 g de pâte à sucre verte

50 g de pâte à sucre bleu clair

50 g de pâte à sucre jaune

Colle CMC

Génoises

1 génoise ronde de 26 cm de diamètre et de 10 cm de hauteur

1 génoise ronde de 24 cm de diamètre et de 10 cm de hauteur

Ustensiles

1 plateau carré de 33 cm de côté

140 cm de ruban rose

Grand rouleau à pâtisserie

Petit rouleau à pâtisserie

Découpoirs ronds (2 tailles différentes)

Douille 8 mm

Volant droit

Roulette à découper ou scalpel

Bâtons en bois pour gâteau à étages

Piques pour fleurs fraîches (pour l'insertion de fils de fer fleuriste dans le gâteau)

Fil de fer or

Pinceau fin

Processus

- La veille, couvrez le plateau avec la pâte à sucre blanche. Laissez sécher.
- Le lendemain, couvrez les deux gâteaux avec la pâte à sucre blanche.
- Superposez les gâteaux en étages en suivant les indications pages 12 et 13.

1

- Collez le ruban rose autour du plateau. Marquez le diamètre du premier gâteau sur le plateau. Étalez la pâte à sucre rose. Découpez une bande à la taille de la circonférence marquée sur le plateau, avec le volant droit (photo 1).

Collez la bande de pâte à sucre rose découpée.

Astuce

- Si vous ne disposez pas des piques pour fleurs fraîches, vous pouvez utiliser des pailles en plastique pour insérer les fils de fer : de cette façon, ils ne seront pas directement en contact avec les génoises.

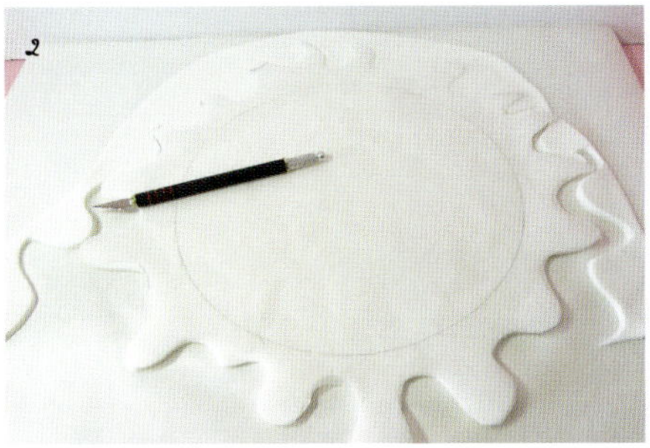

- Dessinez sur une feuille de papier cuisson un cercle bordé d'échancrures en forme de vagues. Étalez la pâte à sucre blanche. Reportez ce patron sur la pâte à sucre blanche et découpez le contour à l'aide d'un scalpel ou d'un couteau (photo 2). Collez le cercle découpé de pâte à sucre sur le premier gâteau (photo 3). Répétez l'opération avec la pâte à sucre rose pour le deuxième gâteau.

- Étalez les pâtes à sucre rose, marron, jaune, bleu clair et verte.
- Découpez avec le découpoir et la douille plusieurs cercles.
- Collez les cercles de différents diamètres et couleurs tout autour des deux gâteaux (photo 4).

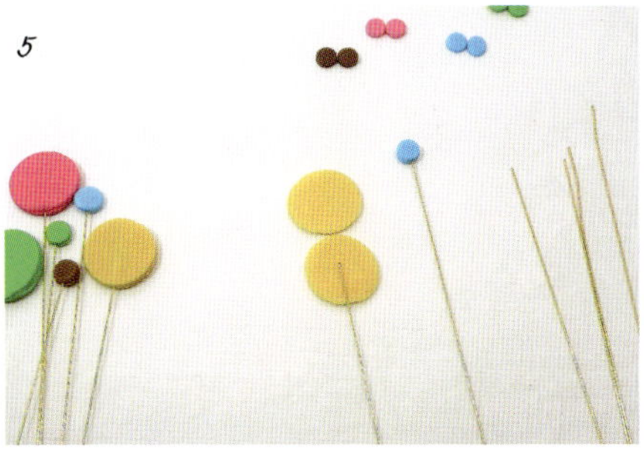

- Coupez plusieurs fils de fer de longueurs différentes. Entre deux cercles de pâte à sucre de même couleur, collez un fil de fer avec la colle CMC (photo 5). Laissez sécher. Disposez les fils sur le gâteau du haut, ainsi que sur les côtés du premier gâteau. Utilisez les piques pour fleurs fraîches pour que les fils de fer ne touchent pas les génoises (*voir Astuce page 58*).

- Modelez des petits gâteaux de votre choix avec la pâte élastique de différentes couleurs.
- Voici un exemple pour vous inspirer. (*photo 6*)
- Collez les petites gourmandises sur le gâteau du haut.

mariage rose

Ingrédients

300 g de pâte à sucre blanche pour le plateau

1,2 kg de pâte à sucre rose pâle pour les gâteaux de 20 cm et de 15 cm

900 g de pâte à sucre rose pâle pour les gâteaux de 18 cm et de 10 cm

500 g de pâte élastique blanche pour les décors et personnages

300 g de pâte élastique rose pâle pour les décors

300 g de pâte élastique marron pour les personnages

80 g de pâte élastique couleur chair pour les têtes et corps des personnages

100 g de dragées rondes argentées

Glaçage royal pour coller les dragées

Eau et colle CMC

Génoises

1 génoise ronde de 20 cm de diamètre et de 10 cm de hauteur

1 génoise ronde de 18 cm de diamètre et de 10 cm de hauteur

1 génoise ronde de 15 cm de diamètre et de 10 cm de hauteur

1 génoise ronde de 10 cm de diamètre et de 10 cm de hauteur

Processus

- La veille, couvrez le plateau avec la pâte à sucre blanche (*voir pages 9 à 11*). Laissez sécher à l'abri de la lumière.
- Préparez et couvrez le premier et le troisième gâteau (20 et 15 cm) avec la pâte à sucre rose pâle. Couvrez le deuxième et le dernier gâteau (18 et 10 cm) avec la pâte à sucre blanche (*voir pages 9 à 11*).
- Superposez les gâteaux en étages en suivant les indications pages 12 et 13.

Astuce

Pour réussir la pâte couleur chair, mélangez à la pâte à sucre blanche une pointe de colorant gel ivoire à l'aide d'un bâtonnet cocktail. Pour obtenir un teint plus éclatant, ajoutez une pointe de colorant rose clair. Il y a aussi la couleur paprika de la marque La Toquée, parfaite pour imiter la couleur chair.

Ustensiles

1 plateau rond de 30 cm de diamètre

Grand rouleau à pâtisserie

Petit rouleau à pâtisserie

95 cm de ruban rose pâle (2 cm de largeur)

Découpoir à éjecteur fleur 5 mm

Découpoir marguerite 2 cm

Roulette à découper

Petits ciseaux

Ébauchoir boule

Ébauchoir plat

Bâtonnets cocktail

Piques en bois

Bâtons en bois pour gâteau à étages

Découpoirs à volants ronds

Pinceau fin

- Étalez la pâte élastique rose pâle et découpez plusieurs fleurs avec le découpoir marguerite (photo 1).

- Marquez avec une aiguille la disposition et les espaces pour coller les petites marguerites autour des deux gâteaux couverts de pâte à sucre rose. À l'aide d'un pinceau fin et légèrement humide, collez les marguerites autour des deux gâteaux roses. Suivez les repères faits avec l'aiguille (photo 2).

- Étalez la pâte à sucre blanche et découpez avec la roulette dentelle plusieurs bandes de 5 cm de largeur et de 10 cm de hauteur. Avec le découpoir à éjecteur fleur, découpez les fleurs et collez-les sur les bandes blanches découpées (photo 3).

- Avec le pinceau humide, collez les bandes blanches espacées de 5 cm sur le pourtour des gâteaux couverts de pâte à sucre blanche.

- Avec le glaçage royal, fixez les dragées tout autour de la base de chaque étage.

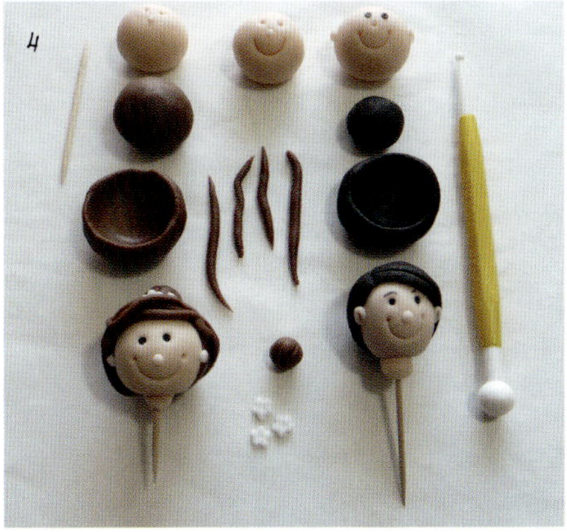

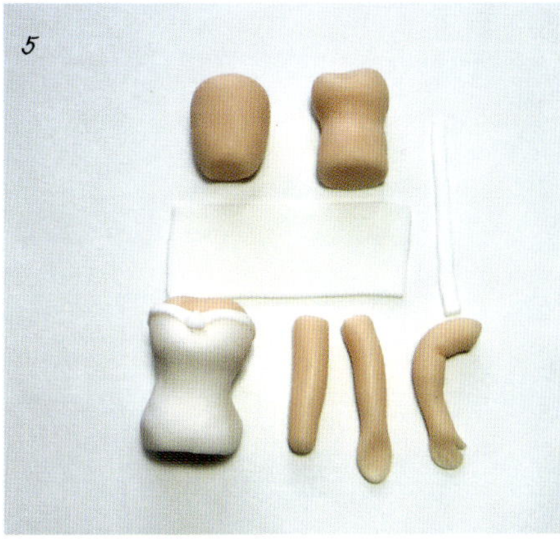

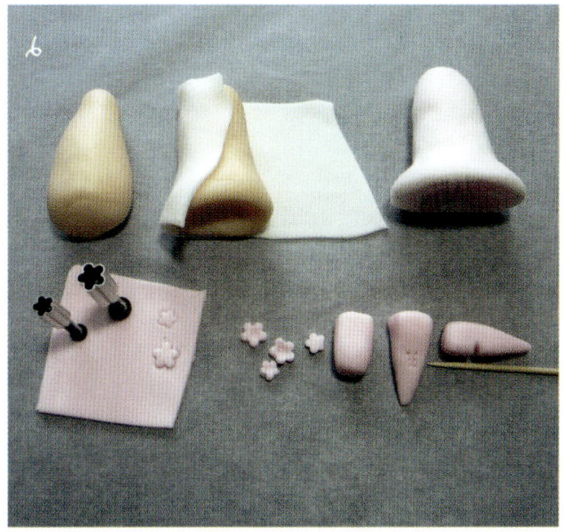

Les visages et les cheveux

- Avec la pâte élastique couleur chair, façonnez deux boules pour les têtes. Marquez les yeux et le nez à l'aide d'un bâtonnet cocktail.
- Collez deux petites boules noires pour les yeux et une couleur chair pour le nez.
- Marquez le sourire avec un fil de fer (*voir Astuces page 65*).
- Pour les cheveux, modelez une boule noire et une boule marron avec la pâte élastique. Avec un ébauchoir, creusez les boules et emboîtez-les sur la tête. Façonnez quatre petits boudins marron pour la chevelure de la mariée et une petite boule pour le chignon au sommet de la tête. Utilisez un bâtonnet cocktail pour marquer les mouvements des cheveux (photo 4).

La mariée

- Le buste et les bras : pour le buste de la mariée, façonnez un boudin de pâte élastique couleur chair que vous pincerez au milieu pour former la taille.
- Découpez en rectangle une fine bande de pâte élastique blanche pour la robe et une bande pour le col.
- Pour les bras, modelez deux boudins. Pincez les extrémités pour arrondir les mains.
- Entaillez les pouces aux ciseaux et marquez les autres doigts à l'ébauchoir plat (photo 5).

La jupe

- Façonnez un boudin avec la pâte à modelage couleur chair, évasé vers le bas et recouvrez-le d'un rectangle de pâte à modelage blanche. Collez avec un pinceau humide.
- Avec la pâte à modelage rose pâle, façonnez les chaussures comme sur la photo. Assemblez la tête, le buste et la jupe.
- Faites également de très petites fleurs avec le rose pâle pour le bouquet de la mariée que vous collerez sur ses mains (photo 6).

Personnages

Modelez les personnages environ 6 jours à l'avance, car ils doivent être secs pour tenir debout. Pour bien réussir vos modelages, utilisez la pâte élastique (voir recette page 16).

Commencez vos personnages toujours par les pieds. Si le personnage est debout, utilisez une plaque de polystyrène. Après, faites les chaussures et le pantalon, insérez une pique en bois sur le polystyrène pour tenir le personnage debout. Attendez quelques heures de séchage pour que le pantalon ne s'affaisse pas quand vous allez coller le corps.

Le voile

- Étalez la pâte à modelage blanche et coupez un triangle à l'aide du découpoir à volants. Appuyez avec la pointe d'un bâtonnet cocktail afin d'affiner les arrondis et de donner un mouvement au voile (photo 7).

- Découpez de très petites fleurs blanches. Mettez le voile en place à l'aide de la colle CMC et terminez la coiffure en collant tout autour du chignon les petites fleurs blanches (photo 8).
- Assemblez la tête, le buste et la jupe à l'aide d'une pique en bois et de l'eau.

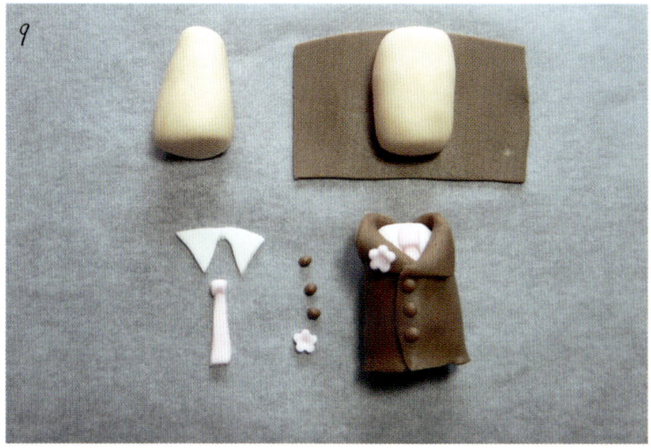

Le marié

Le buste

- Façonnez un boudin de couleur chair et enroulez autour une fine couche de pâte élastique marron pour la veste ; retournez le bord haut pour faire le col, insérez une petite bande de pâte élastique blanche pour la chemise et un petit morceau de pâte élastique rose pour la cravate ; collez le tout à l'aide d'un pinceau humide ou de colle CMC. Faites trois petites boules pour les boutons et une très petite fleur pour la boutonnière, puis collez (photo 9).

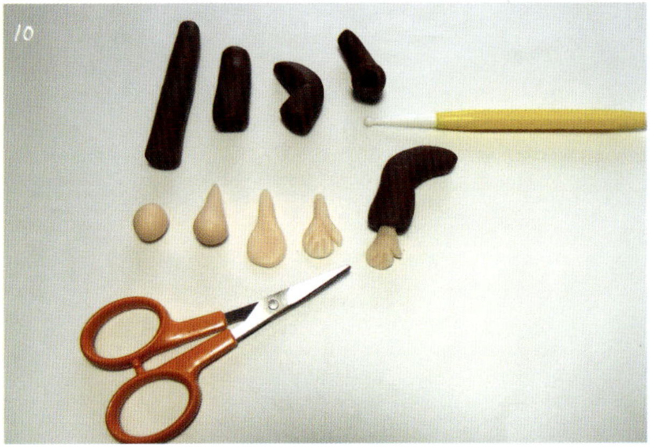

Les bras

- Façonnez un boudin de pâte élastique marron affiné aux deux bouts. Coupez au milieu, évasez légèrement la partie qui va accueillir les mains et insérez 1/2 bâtonnet cocktail.
- Avec une boule de pâte élastique couleur chair, façonnez les mains, coupez le pouce avec des petits ciseaux, marquez les doigts, puis allongez le poignet pour le faire entrer dans la manche (photo 10). Mettez en place les mains et les bras à l'aide d'un pinceau et de l'eau.

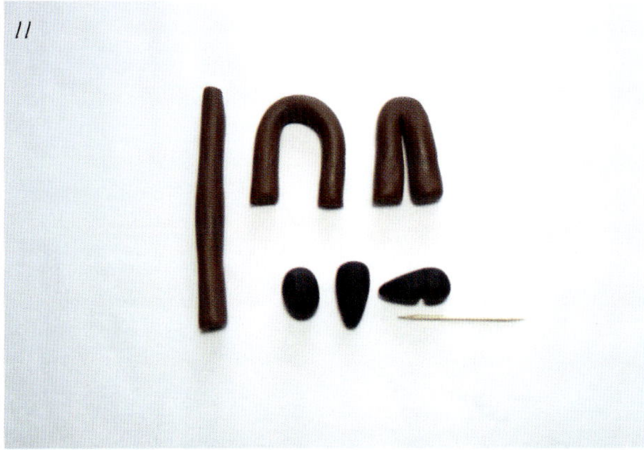

Le pantalon et les chaussures

- Faites un long boudin avec la pâte élastique marron, courbez-le en V renversé, puis élargissez le bas du pantalon.
- Faites deux petites boules de pâte élastique noire, affinez en pointe et marquez le dessous de la chaussure avec un bâtonnet cocktail pour distinguer le talon de la semelle (photo 11).
- Assemblez la tête, le haut du corps, le pantalon et les chaussures avec une pique en bois.

Finitions

Collez les mariés sur le haut du gâteau avec le glaçage royal (page 17).

Astuces

Pour le voile de la mariée, vous pouvez utiliser un emporte-pièce rond cannelé, qui aura le même effet qu'un découpoir à volants.

Pour marquer le sourire, utilisez un bout de fil de fer fleuriste arrondi, ou la partie plus large d'une douille.

Pour rassembler les têtes des personnages, utilisez un spaghetti (pâte alimentaire) à la place de bâtonnet cocktail.

Gardez toujours vos décors dans une armoire fermée, loin de l'humidité et de la lumière.

Blanc pur

Ingrédients

2 kg de pâte à sucre blanche

500 g de pâte élastique

Perles en sucre

Poudre irisée

Alcool de céréale

Colle CMC

Génoises

1 génoise ronde de 20 cm de diamètre et de 10 cm de hauteur

1 génoise ronde de 15 cm de diamètre et de 10 cm de hauteur

1 génoise ronde de 10 cm de diamètre et de 10 cm de hauteur

Ustensiles

1 assiette transparente de 25 cm de diamètre

Grand rouleau à pâtisserie

Petit rouleau à pâtisserie

Bâtons en bois pour gâteau à étages

Découpoir fleur

Ébauchoir os

Rouleau à impression

Roulette à découper

Pinceau fin

Volant droit

Ciseaux

Celpad

Processus

- Recouvrez les trois gâteaux avec la pâte à sucre blanche (voir pages 9 à 11).
- Superposez les gâteaux en étages en suivant les indications pages 12 et 13.

À savoir

Le Celpad est idéal pour la fabrication des fleurs. Il est fait de mousse ferme et permet grâce à l'ébauchoir os ou veiné de donner des formes différentes aux pétales et aux feuilles.

La pâte élastique est parfaite pour modeler nœuds et fleurs. Elle est souple, malléable, et s'étale finement.

Bandes

- Mesurez la circonférence de base de chaque gâteau. Étalez la pâte à sucre blanche, puis marquez cette pâte avec un rouleau d'impression de votre choix. Découpez avec le volant droit trois bandes de 3 cm de largeur et de la longueur de base des gâteaux (photo 1). Collez-en à chaque base des gâteaux à l'aide d'un pinceau fin et humide.

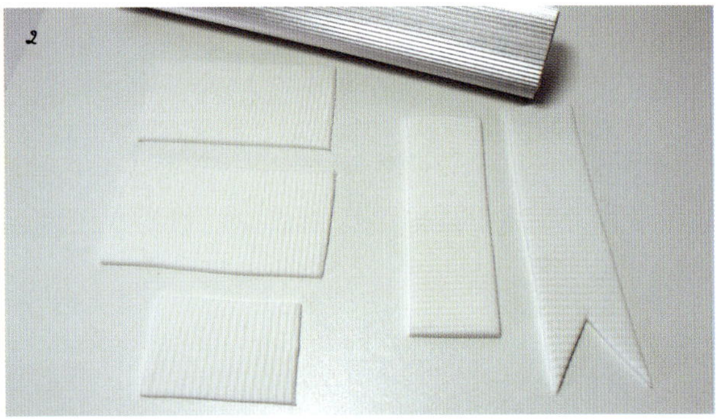

Découpe du nœud

- Étalez la pâte élastique, marquez-la avec le rouleau à impression que vous avez utilisé pour les bandes ci-dessus. Coupez à l'aide d'une roulette deux rectangles d'environ 6 cm de large et 8 cm de long, puis un autre de 5 cm de large et 6 cm de long. Découpez ensuite deux bandes de 6 cm de large et 14 cm de long.
- Avec des ciseaux, coupez les pointes des bandes comme sur la photo 2.

Montage du nœud

- Enroulez un des grands rectangles autour de votre index et aplatissez les deux bouts ensemble (*photo 3*).
- Faites de même pour l'autre rectangle. Joignez les deux parties en enveloppant délicatement les deux bouts aplatis dans le petit rectangle, c'est-à-dire la partie centrale du nœud. Façonnez et collez les rubans derrière la partie centrale.

Pose du nœud

- Collez le nœud sur le gâteau de façon à ce que les rubans retombent de chaque côté.

Astuce

Vous pouvez utiliser un alcool blanc comme le rhum pour mélanger la poudre irisée.

Peinture du nœud

- Avec la poudre irisée mélangée à l'alcool de céréale, peignez le nœud pour lui donner une certaine brillance (photo 4).

Fleurs

- Étalez la pâte élastique. Découpez à l'aide du découpoir plusieurs fleurs et donnez-leur une forme sur le Celpad. Creusez chaque pétale à l'aide d'un ébauchoir os pour le relief (photo 5).

Donner la forme

- Posez les fleurs dans une assiette pleine de riz. Collez les perles en sucre en leur centre avec la colle CMC à l'aide d'un pinceau fin (photo 6).
- Laissez les fleurs sécher sur le riz, elles garderont ainsi la forme désirée.

Finitions

Après séchage, collez les fleurs sur les bandes de base de chaque gâteau, puis peignez-les avec la poudre irisée comme pour le nœud.

Saint Valentin

Ingrédients

600 g de pâte à sucre rouge

400 g de pâte à sucre blanche

50 g de glaçage royal

Col CMC

Génoises

1 génoise ronde de 20 cm de diamètre et de 10 cm de hauteur

1 génoise ronde de 10 cm de diamètre et de 10 cm de hauteur

Ustensiles

1 plateau rond de 25 cm de diamètre

80 cm de ruban rouge

Grand rouleau à pâtisserie

Petit rouleau à pâtisserie

Découpoir cœur

Bâtons en bois pour gâteau à étages

Fil de fer or

Une paille

Colorant gel or

Pinceau fin

Processus

- La veille, couvrez le plateau avec la pâte à sucre rouge et laissez sécher. Le lendemain, pour une belle finition, collez autour du plateau le ruban rouge avec le glaçage royal.
- Couvrez le grand gâteau avec la pâte à sucre rouge et le petit avec la pâte à sucre blanche.
- Superposez les gâteaux en étages en suivant les indications des pages 12 à 13.

1

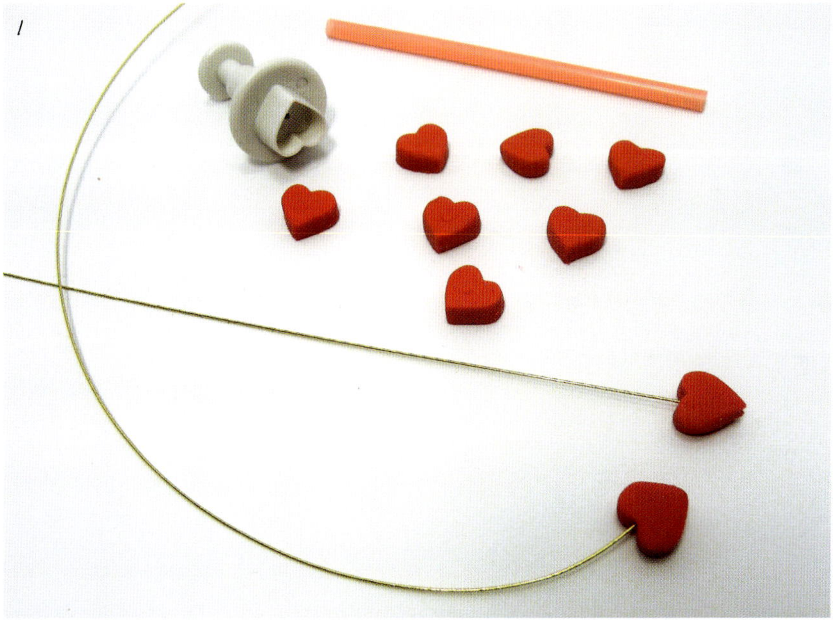

- Coupez plusieurs fils de fer or d'environ 15 et 20 cm.
- Étalez la pâte rouge. Découpez des cœurs et collez-les au bout des fils de fer avec la colle CMC (photo 1). Laissez bien sécher.

- Marquez le pourtour du gâteau rouge à l'aide du découpoir cœur en l'appliquant délicatement sur la pâte à sucre (photo 2).

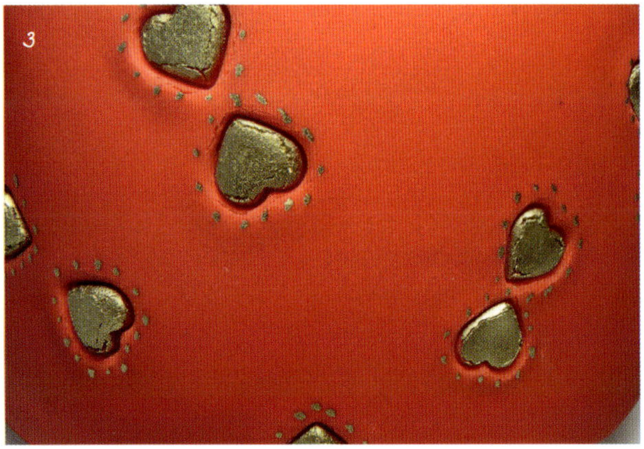

- Peignez l'intérieur des cœurs avec le colorant gel ou la poudre or. Soulignez de petits traits le contour de ces cœurs (photo 3).

- Avec le colorant gel, le spray ou la poudre or, peignez le petit gâteau blanc (photo 4). Laissez sécher et collez-le avec le glaçage royal sur le gâteau rouge en le décalant vers l'arrière. Suivez la technique des gâteaux à étages des pages 12 et 13.

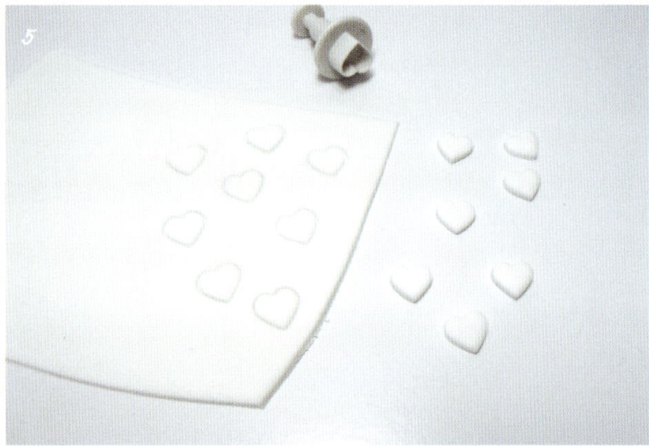

- Étalez la pâte à sucre blanche et découpez plusieurs cœurs (photo 5).

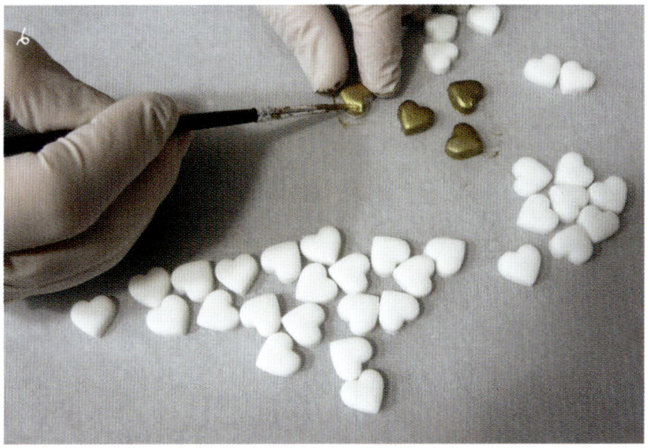

- Avec un pinceau fin, peignez les cœurs avec le colorant gel, le spray ou la poudre or (photo 6). Laissez sécher.

- Collez les cœurs sur le pourtour supérieur du gâteau doré (photo 7).

- Collez aussi des cœurs dorés à la base de chaque gâteau (photo 8).
- Piquez une paille dans le gâteau rouge, derrière le doré.
- À l'intérieur de la paille, insérez les fils de fer or de façon à former un bouquet qui retombera sur le gâteau comme un feu d'artifice.

À savoir

Le colorant en poudre est soluble dans l'alcool de céréale ; vous pouvez aussi utiliser du rhum ou tout autre alcool blanc.

Baptême

Ingrédients

800 g de pâte à sucre blanche

400 g de pâte élastique blanche

50 g de pâte élastique couleur chair

Colorant en poudre marron ou feutre alimentaire marron

Glaçage royal

Eau ou colle CMC

Génoise

1 génoise ronde de 20 cm de diamètre et de 10 cm de hauteur

Ustensiles

1 assiette ou plateau rond d'environ 26 cm de diamètre

Grand rouleau à pâtisserie

Petit rouleau à pâtisserie

Ébauchoir boule

Ébauchoir veineur

Pince à décors

Roulette à découper ou scalpel

Découpoir broderie anglaise

Volant rond

Bâtonnets cocktail

Douille de 8 mm

Petits ciseaux

Pinceau fin

Processus

- Couvrez le gâteau avec la pâte à sucre blanche.

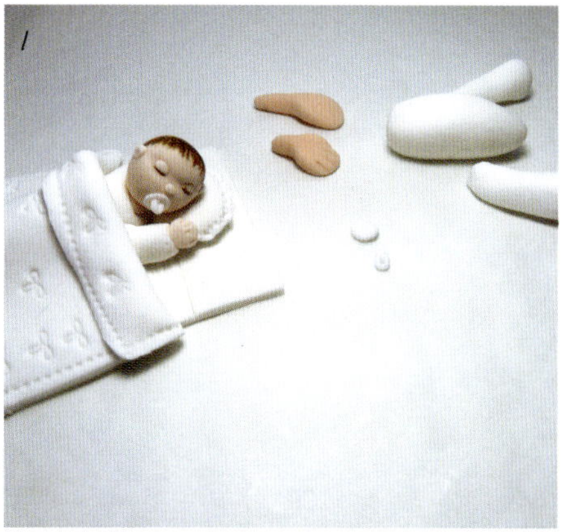

Le corps

- Faites un cône avec la pâte blanche pour le corps. Façonnez un boudin de pâte élastique blanche affiné aux deux bouts. Coupez au milieu et élargissez légèrement cette partie qui va accueillir les mains.
- Avec une boule de pâte à sucre couleur chair, façonnez les mains, coupez le pouce avec des petits ciseaux et marquez les doigts. Allongez le poignet pour le faire entrer dans la manche et placez les mains et les bras légèrement tournés vers le visage et posés sur l'oreiller (photo 1). Fixez à l'aide d'un pinceau humide ou de la colle CMC.

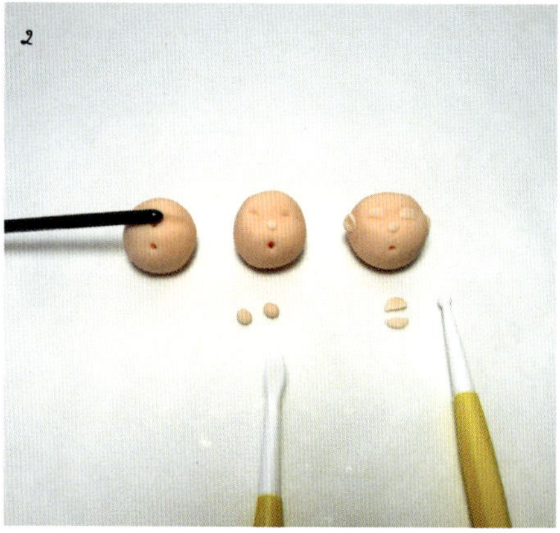

La tête

- Façonnez une petite boule de pâte élastique couleur chair pour la tête. Marquez les yeux avec l'ébauchoir veineur pour les dessiner fermés. Une toute petite boule pour le nez, et deux pour les oreilles. Marquez les oreilles avec l'ébauchoir boule. Faites un tout petit cercle et coupez-le en deux pour les paupières. Faites un petit trou pour marquer la bouche (photo 2).
- Laissez sécher, puis dessinez les cheveux avec le feutre ou le colorant alimentaire marron.

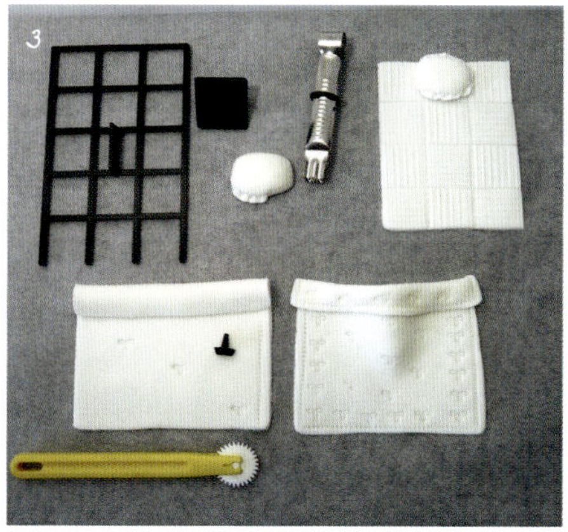

Les draps et l'oreiller

- Étalez la pâte élastique blanche, coupez un rectangle pour faire le matelas du bébé. Dessinez les carrés et imprimez les dessins de votre choix sur chaque carré pour composer un patchwork.
- Faites une boule avec la pâte blanche, aplatissez-la un peu pour faire l'oreiller. Pincez les côtés avec la pince à décors pour marquer le tour.
- Étalez la pâte blanche, coupez un carré pour la couverture. Marquez les bords avec la roulette pour faire la couture. Retournez le bord haut et soulignez-le avec l'empreinte de votre choix (photo 3).

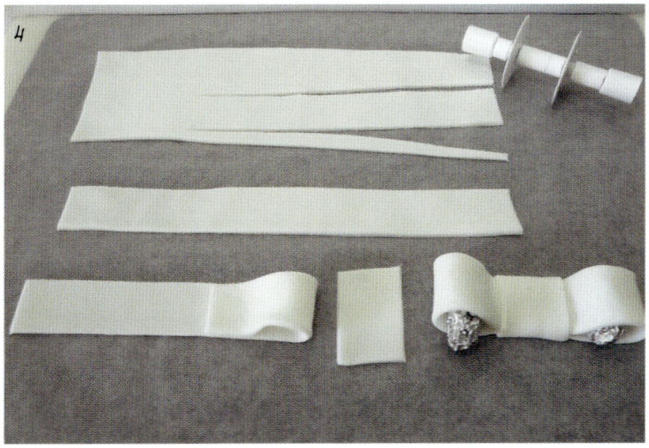

Le ruban

- Étalez la pâte à sucre blanche et coupez avec la roulette une bande de 2,5 cm de largeur, la longueur correspondant à la circonférence du gâteau. Collez-la tout autour de celui-ci. Coupez avec la roulette une bande de pâte élastique blanche de la même largeur et de 18 cm de longueur pour le nœud. Repliez chaque extrémité vers le centre. Coupez une petite bande de pâte élastique blanche de la même largeur que le nœud et collez-la au milieu pour finir le nœud (photo 4).

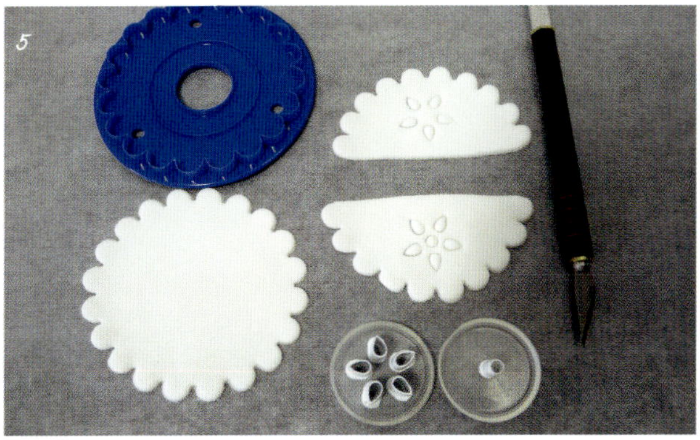

Broderie anglaise

- Étalez la pâte à sucre blanche, coupez avec le volant rond plusieurs cercles, puis divisez-les en deux.
- Avec le découpoir broderie anglaise, appliquez au milieu du demi-cercle une petite fleur (photo 5). Faites ainsi le tour du gâteau.

Finitions

- Faites le glaçage royal (voir la recette page 17).
- Avec la douille n° 1 (de la plus petite taille), déposez des petites boules sur la broderie anglaise ainsi que sur le haut du gâteau et sur le ruban.

Astuces

Si les petites boules de glaçage royal ne sont pas bien arrondies, plongez le bout du doigt dans le sucre glace et appuyez doucement sur chacune d'entre elles.

Le glaçage royal séchant très rapidement, pensez à poser un linge sur le bol durant l'utilisation.

P'tit bout

Ingrédients

800 g de pâte à sucre bleu clair pour le gâteau de base

700 g de pâte à sucre bleu plus foncé

200 g de pâte à sucre blanche

100 g de pâte à sucre rouge

100 g de pâte à sucre bleu royal

50 g de pâte à sucre jaune

60 g de pâte à sucre marron

15 g de pâte à sucre noire

10 g de pâte élastique bleu clair

150 g de pâte élastique orange

20 g de pâte élastique couleur chair

70 g de pâte élastique bleu royal

200 g de pâte élastique verte

Glaçage royal pour assembler les étages des gâteaux

Eau ou colle CMC

Génoises

1 génoise ronde de 24 cm de diamètre et de 10 cm de hauteur.

1 génoise ronde de 20 cm de diamètre et de 10 cm de hauteur.

Ustensiles

1 assiette ou 1 plateau rond blanc 30 cm de diamètre

Grand rouleau à pâtisserie

Petit rouleau à pâtisserie

Découpoir voiture

Découpoir feuille

Découpoirs ronds 5 cm et 2 cm

Roulette à découper ou scalpel

Rouleau empreinte de bois

Fil de fer 24

Ébauchoir boule

Volant droit

Empreinte de feuille en silicone

Bâtons en bois pour gâteau à étages

Bâtonnet cocktail

Pique à brochette (ou spaghetti)

Douille 8 mm

Petits ciseaux

Pinceau fin

Processus

- 48 h à l'avance, modelez le personnage et le ballon. Laissez sécher dans une armoire.

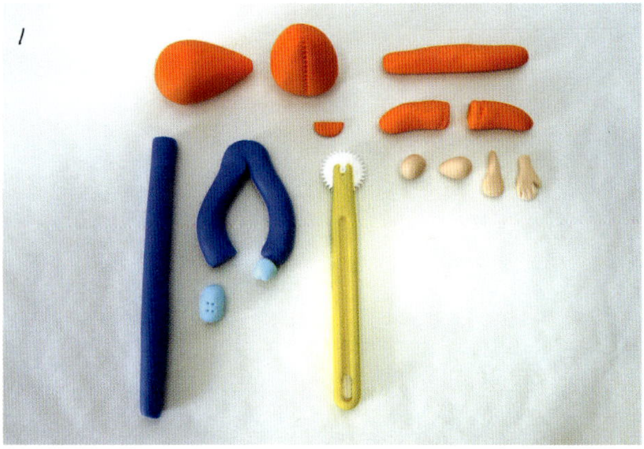

1

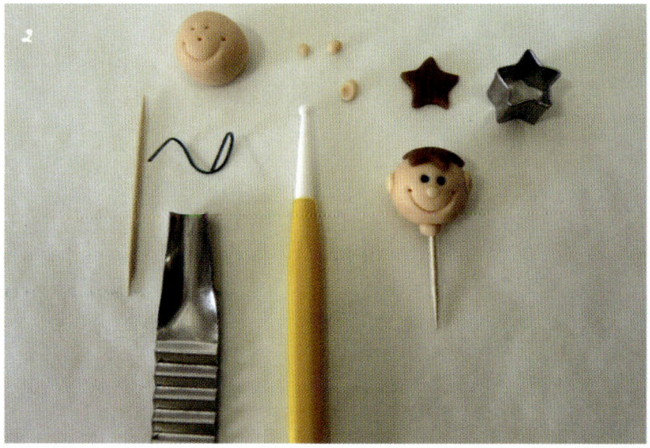

2

Les chaussures

- Faites deux petites boules bleu clair, allongez-les un petit peu avec le doigt. Marquez quatre petits trous sur les chaussures. Collez-les en bas du pantalon.

Le pantalon

- Façonnez un boudin bleu royal, pliez-le en deux. Élargissez légèrement les bas du pantalon.

Le pull

- Façonnez un bout de pâte élastique de couleur orange en forme de poire. Passez la roulette à couture au milieu. Coupez un demi-cercle et faites la marque de couture sur la poche.

Les manches

- Façonnez un boudin de pâte élastique orange affiné aux deux bouts. Coupez-le au milieu et élargissez légèrement cette partie qui va accueillir les mains. Avec une boule de pâte élastique couleur chair, façonnez les mains, coupez le pouce avec des petits ciseaux et marquez les doigts, allongez le poignet pour le faire entrer dans la manche et mettez en place les mains et les bras à l'aide d'un pinceau humide ou de la colle CMC.

La tête

- Avec la pâte élastique couleur chair, façonnez une boule d'environ 2,5 cm. Cette circonférence donnera la référence de la taille du personnage. Marquez les yeux et le nez à l'aide d'un bâtonnet cocktail. Collez deux petites boules noires pour les yeux et une petite boule couleur chair pour le nez. Marquez le sourire avec un fil de fer (voir les astuces de modelage page 65).

Les oreilles

- Façonnez deux petites boules couleur chair, et collez à l'aide d'un pinceau légèrement humide. Avec l'ébauchoir boule, marquez un petit trou pour donner la forme des oreilles.

Les cheveux

- Découpez une petite étoile avec la pâte à sucre marron et collez-la sur la tête.

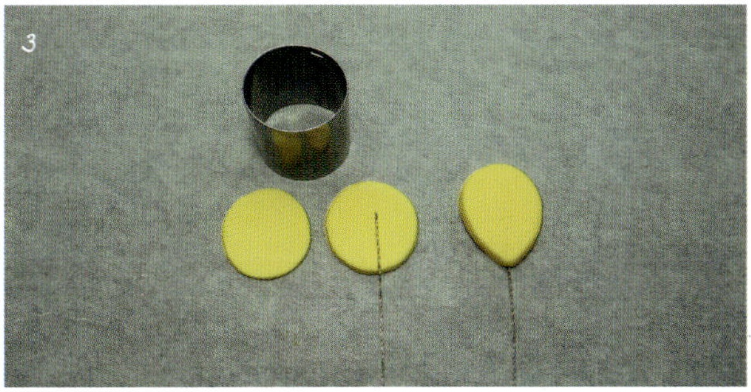

- Étalez la pâte à sucre jaune. Découpez deux cercles de 5 cm.
- Coupez le fil de fer à la hauteur du personnage, collez-le au milieu du premier cercle avec la colle CMC. Posez le deuxième cercle comme sur la photo ci-dessus.

Assemblage

- Collez le pull sur le pantalon, les manches, la poche et les mains avec l'eau ou la colle CMC. Faites tenir la tête avec une pique à brochette ou un spaghetti.
- Couvrez les deux gâteaux, le premier avec la pâte à sucre bleu clair, et le deuxième avec la pâte à sucre bleu foncé.
- Superposez les gâteaux en étages en suivant les indications des pages 12 et 13.

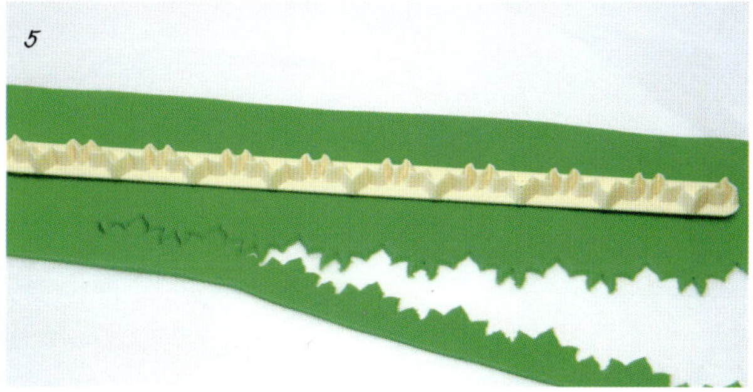

- Étalez la pâte à sucre verte et découpez à l'aide du volant droit deux bandes de 32 cm de largeur sur 2 cm de hauteur pour représenter le gazon. Avec le pinceau légèrement humide, collez les bandes autour de la base du premier gâteau.

- Étalez la pâte à sucre marron. Marquez la pâte avec le rouleau empreinte de bois et découpez avec la roulette deux formes de troncs d'arbres. Étalez la pâte à sucre élastique et découpez avec le découpoir en forme de feuille. Marquez les veines des feuilles avec l'empreinte en silicone. Collez un tronc sur un côté du gâteau et l'autre à son extrémité pour équilibrer les décors. Collez les feuilles en haut des troncs.

7

- Étalez la pâte à sucre rouge et découpez deux voitures. Étalez la pâte à sucre bleue, coupez un cercle et faites-en quatre parts pour les vitres de la voiture. Pour les camions, étalez la pâte à sucre orange et coupez deux carrés et deux rectangles. Ajoutez un petit carré jaune pour la vitre et quatre boules noires pour les pneus.
- Collez en alternant une voiture, un camion, un arbre, et ainsi de suite tout autour du premier gâteau.

8

- Étalez la pâte à sucre jaune. Découpez un cercle de 5 cm, collez-y deux petites boules noires pour les yeux et marquez une grande bouche. À l'aide d'un scalpel ou d'un couteau, coupez des triangles pour les rayons. Appliquez le soleil au centre du deuxième gâteau.
- Étalez la pâte à sucre blanche, et découpez un nuage. Collez autour du deuxième gâteau.

9

- Étalez la pâte à sucre blanche, et coupez un grand nuage pour poser sur le gâteau. Collez dessus le personnage avec le glaçage royal. Utilisez toujours un pinceau fin humide pour coller les décors.

À savoir

Utilisez toujours la pâte élastique pour les modelages, sa souplesse est idéale pour réaliser des personnages en sucre.

Pour rassembler les têtes des personnages, utilisez un spaghetti (pâte alimentaire) à la place du bâtonnet cocktail.

Petite fée

Ingrédients

700 g de pâte à sucre blanche

500 g de pâte à sucre rose clair

250 g de pâte à sucre verte

150 g de pâte à sucre rose foncé

60 g de pâte élastique rose clair

30 g de pâte élastique marron clair

50 g de pâte élastique couleur chair

120 g de pâte élastique blanche

60 g de pâte élastique rouge

Glaçage royal

Eau ou colle CMC

Génoises

1 génoise ronde de 20 cm de diamètre et de 10 cm de hauteur

1 génoise ronde de 16 cm de diamètre et de 10 cm de hauteur

Ustensiles

1 plateau rond de 26 cm de diamètre

Grand rouleau à pâtisserie

Petit rouleau à pâtisserie

Découpoirs fleurs

Découpoir éjecteur

Découpoir feuille

Roulette à découper

Scalpel ou couteau à lame fine

Bâtons en bois pour gâteau à étages

Bâtonnet cocktail

Pique en bois et spaghetti

Fil de fer diamètre 24

Empreinte papillon

Petits ciseaux

Pinceau fin

Processus

- 48 h à l'avance, modelez le champignon et le personnage. Laissez-les sécher séparément.

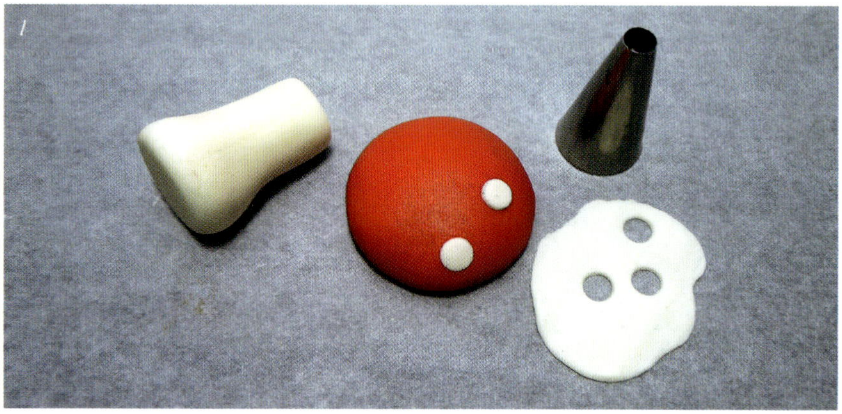

Le champignon

- Modelez un cône avec la pâte élastique blanche et aplatissez le bout pointu. Façonnez une boule avec la pâte élastique rouge et aplatissez un côté, de façon à ce que la forme blanche s'emboîte dans la rouge (photo 1).
- Pour une belle finition sur le gâteau, le champignon peut être posé sur des feuilles vertes.

La tête

- Avec la pâte élastique couleur chair, façonnez une boule d'environ 25 mm. Marquez les yeux et le nez à l'aide d'un bâtonnet cocktail. Collez deux petites boules noires pour les yeux et une petite boule couleur chair pour le nez. Marquez le sourire avec un fil de fer (voir les astuces de modelage page 65). Plantez une pique en bois à la base du cou pour relier tête et corps.

Les cheveux

- Façonnez plusieurs boudins, enroulez les pointes puis collez-les sur la tête. Sur les cheveux, collez des petites fleurs faites avec le découpoir éjecteur.

Le corps

- Avec la pâte élastique rose clair, façonnez une poire, puis modelez la forme d'un chapeau mexicain. Étalez les bordures pour faire la jupe. Découpez avec un découpoir fleur pour donner la forme.

Les jambes

- Façonnez deux boudins avec la pâte élastique couleur chair. Soudez-les en forme de U. Tordez les extrémités pour faire les pieds. Mesurez la taille de la jambe par rapport au champignon sur lequel la fée sera assise. Collez les jambes sur le champignon et la robe dessus.

Les bras

- Façonnez un boudin de pâte élastique et coupez-le en deux morceaux de tailles égales. Affinez l'une des extrémités. Marquez le milieu et élargissez légèrement la partie qui va accueillir les mains. Avec une boule de pâte élastique de couleur chair, façonnez les mains, coupez le pouce avec des petits ciseaux et marquez les doigts, allongez le poignet pour le faire entrer dans la manche et mettez en place les mains et les bras à l'aide d'un pinceau humide ou de la colle CMC.

Les ailes

- Étalez la pâte élastique blanche. À l'aide d'un découpoir feuille ou d'un scalpel, découpez deux grandes ailes et deux petites (photo 5). Collez-les au dos du personnage.

Le bouquet

- Façonnez un petit cône avec la pâte à sucre verte et aplatissez une extrémité.
- Étalez la pâte à sucre rose et découpez des petites fleurs pour coller sur le cône vert (photo 7).

Assemblage

- Pour fixer la tête sur le corps, utilisez un spaghetti très fin et joignez les deux parties du corps en insérant entre les deux une petite boule de pâte couleur chair pour le cou (photo 6). Collez le champignon avec la petite fée sur le gâteau avec le glaçage royal.

Les papillons

- Étalez la pâte élastique rose. Marquez la pâte avec l'empreinte papillon. Découpez à l'aide d'un scalpel ou d'un couteau à lame fine. Posez les papillons déjà découpés sur un support pour leur donner une forme (photo 8).
- Couvrez le premier gâteau avec la pâte à sucre blanche et le deuxième avec la pâte à sucre rose clair (*voir pages 9 à 11*).

Processus :

- Préparez et couvrez les gâteaux.
- Superposez les gâteaux en étages en suivant les indications des pages 12 et 13.

L'herbe

- À l'aide de la roulette, découpez les bandes qui imitent le gazon. Collez-les tout autour de la base des gâteaux (photo 9).

Les fleurs

- Avec la pâte à sucre verte, façonnez des boudins pour les tiges des fleurs. Étalez les pâtes à sucre rose et blanche et découpez à l'aide des découpoirs les fleurs de votre choix (photo 10).
- Faites des petites boules de pâte à sucre jaune et collez-les au milieu des fleurs pour représenter le cœur. Disposez et collez les fleurs à côté des tiges (*voir photo du gâteau page 83*) et sur le gazon de façon harmonieuse.

Astuces

Commencez le personnage des pieds à la tête.

Pensez toujours à modeler les personnages à l'avance. La température, l'hygrométrie et la composition des pâtes à sucre influent sur le temps de séchage.

noël

Ingrédients

2,15 kg de pâte à sucre blanche (dont 300 g pour le plateau et 150 g pour les étoiles de neige)

100 g de pâte à sucre rouge pour les boules des houx et les décors

50 g de pâte à sucre bleu royal et 50 g de pâte à sucre jaune pour les cadeaux

350 g de pâte à modelage vert pour les sapins et les feuilles

Glaçage royal (pour rassembler les gâteaux à étages)

Eau ou colle CMC

Génoises

1 génoise ronde de 20 cm de diamètre et de 10 cm de hauteur

1 génoise ronde de 18 cm de diamètre et de 10 cm de hauteur

1 génoise ronde de 15 cm de diamètre et de 10 cm de hauteur

Recouvrir les gâteaux avec la pâte à sucre blanche (voir pages 9 à 11)

Ustensiles

1 plateau carré de 30 cm de côté

Grand rouleau à pâtisserie

Petit rouleau à pâtisserie

175 cm de ruban rose (2 cm de largeur)

Découpoir sapin de Noël

Découpoir étoile de neige

Découpoir feuille de houx

Découpoir avec éjecteur houx

Découpoir étoile

Roulette à découper ou scalpel

Fils de fer fleuriste vert 26

Bâtonnets cocktail

Bâtons en bois pour gâteau à étages

Plaque de polystyrène

Petits ciseaux

Pinceau fin

Processus

- Au moins 72 h à l'avance, préparez les feuilles de houx. Elles doivent être sèches pour être disposées sur le gâteau.
- La veille, couvrez le plateau avec la pâte à sucre blanche. Laissez sécher.

- Pour les feuilles de houx : étalez 250 g de pâte à modelage verte et découpez plusieurs feuilles de houx avec le découpoir éjecteur (photo 1).

- Façonnez des petites boules avec la pâte à sucre rouge et collez à l'aide d'un pinceau fin et légèrement humide sur les feuilles de houx. Posez ensuite les feuilles sur les fils de fleurs. Piquez les fils de fleurs sur une plaque de polystyrène et laissez sécher pendant 48 h (photo 2).

- Faites aussi des feuilles de houx individuelles : étalez la pâte à modelage verte et découpez avec le découpoir houx. Insérez un morceau de 6 cm de fil de fleurs entre les deux feuilles (photo 3). Humidifiez le milieu des feuilles avec un pinceau humide : elle tiendra parfaitement, et vous pourrez donner des mouvements au fil de fer pour les poser sur le gâteau. Laissez sécher sur la plaque de polystyrène.

- Étalez 100 g de pâte à sucre verte et découpez à l'aide du découpoir les quatre sapins ; disposez-les à intervalles réguliers autour du premier gâteau (photo 4).
- Préparez et couvrez les génoises avec la pâte à sucre comme pages 9 à 11.
- Superposez les gâteaux en étages en suivant les indications des pages 12 et 13.
- Commencez la décoration du gâteau de base. Collez le ruban rouge autour de chaque gâteau avec le glaçage royal.

- Avec les pâtes rouge, jaune et bleue, coupez des petits carrés pour les cadeaux. Décorez-les de petits rubans en pâte à sucre de couleurs différentes. Découpez et collez une petite étoile jaune sur les sapins. Profitez de votre inspiration pour créer des motifs différents pour chaque cadeau : des pois, des nœuds, des traits, des cœurs, des étoiles... Collez les décors autour du premier gâteau à l'aide d'un pinceau fin et légèrement humide (photo 5).

- Étalez la pâte à sucre blanche. Découpez des motifs à l'aide du découpoir flocon de neige et collez-les autour du deuxième gâteau (photo 6).

- Façonnez une boule de pâte et aplatissez-la un peu pour la poser sur le dernier gâteau (photo 7). Cette boule permettra de piquer harmonieusement les feuilles de houx.

Ustensiles

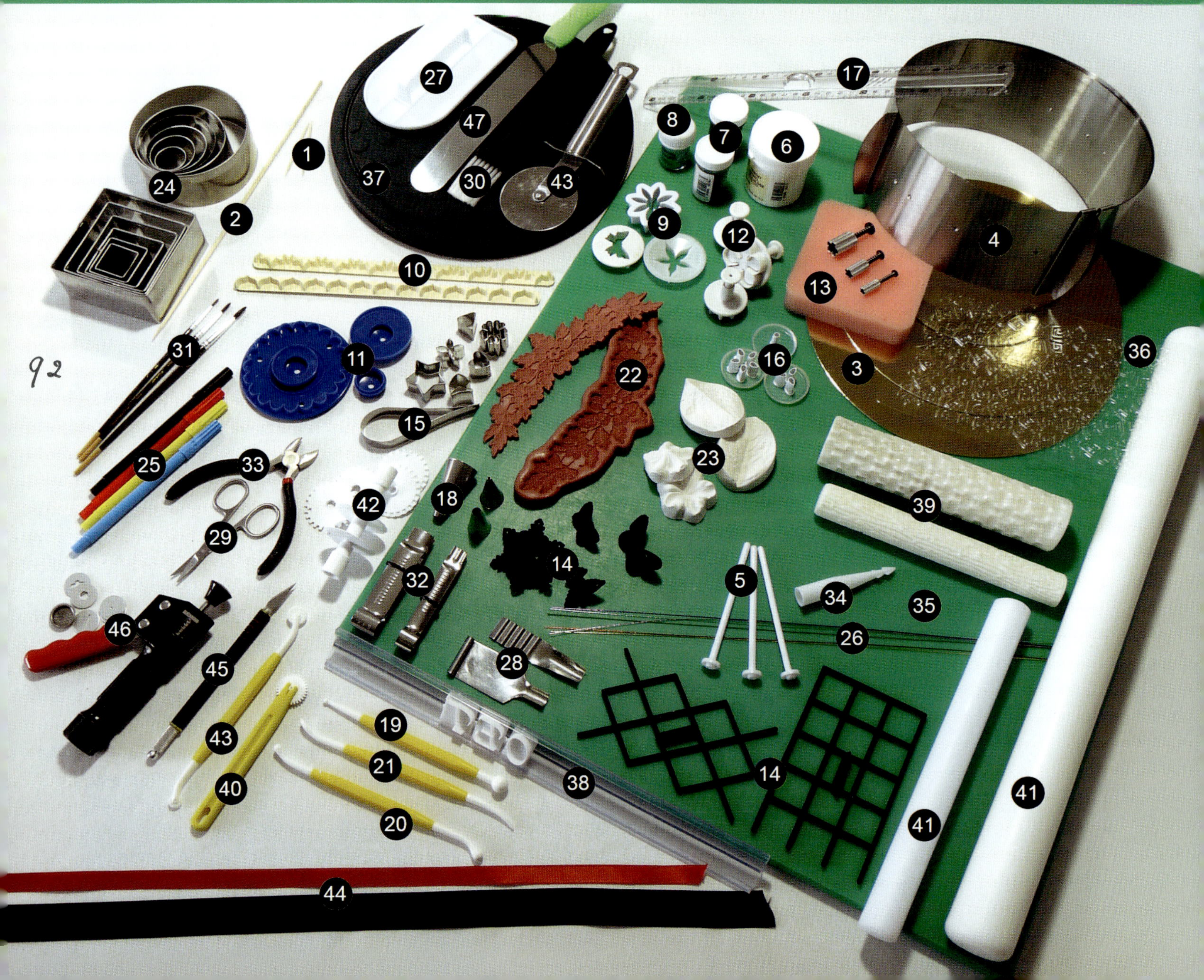

27
47
17
8
7
6
1
24
37
30
43
2
9
12
4
10
13
11
31
16
36
22
3
15
25
33
23
18
42
39
29
14
32
5
34
35
46
26
28
45
43
19
21
40
38
14
41
41
20
44

Cette liste très exhaustive est donnée à titre indicatif. Il n'est pas nécessaire pour débuter de se procurer autant d'ustensiles. Certains peuvent aisément être remplacés par des ustensiles de cuisine ou des outils de bricolage courants.

1 - Bâtonnets cocktail

2 - Brochettes/piques en bois

3 - Cartons à entremets

4 - Cercle ajustable

5 - Chevilles de fixation des assiettes pour pièces montées

6 - Colle CMC

7 - Colorants alimentaires en gel ou pâte

8 - Colorants alimentaires en poudre

9 - Découpoirs

10 - Découpoirs à volants droits

11 - Découpoirs à volants ronds

12 - Découpoirs avec éjecteur

13 - Découpoirs avec éjecteur et mousse pour former les fleurs

14 - Découpoirs embosseurs

15 - Découpoirs en métal

16 - Découpoirs motif broderie

17 - Double décimètre

18 - Douilles

19 - Ébauchoir boule

20 - Ébauchoir os

21 - Ébauchoir veiné

22 - Empreinte à dentelle en silicone

23 - Empreintes fleurs et feuilles en silicone

24 - Emporte-pièces ronds et carrés

25 - Feutres alimentaires

26 - Fil de fer fleuriste

27 - Lisseur

28 - Marque bouche

29 - Paire de ciseaux

30 - Pinceau pâtissier

31 - Pinceaux

32 - Pinces à décor

33 - Pince coupante

34 - Piques pour fleurs fraîches

35 - Planche en polyéthylène

36- Plaque de texture

37 - Plateau tournant

38 - Presse à impression

39 - Rouleau à impression

40 - Roulette à découpe/marqueur

41 - Rouleaux à pâtisserie en polyéthylène, grand et petit

42 - Roulette à découper droite

43 - Roulette à découper

44 - Ruban

45 - Scalpel

46 - Seringue à modeler

47 - Spatule

Petit vocabulaire

Celpad : mousse à deux faces distinctes. L'une de couleur orange sert à découper la pâte à l'aide d'emporte-pièces, l'autre plus souple permet grâce à l'ébauchoir os ou veiné de donner des formes différentes aux pétales et aux feuilles.

Colorants alimentaires : on les choisira plutôt en pâte ou en gel. Ils sont très concentrés, et ne changent pas la texture de la pâte, contrairement aux colorants liquides qui donnent une couleur trop pâle et rendent la pâte à sucre collante et difficile à travailler.

Découpoir à volants : sert à confectionner des froufrous en pâte à sucre. On peut lui substituer un emporte-pièce rond, sablé ou cannelé et redécouper le centre avec un cercle plus petit.

Découpoir à embosser : il en existe un très grand choix. On l'utilise pour créer des bas-reliefs en pâte à sucre et embosser des motifs sur les pâtes.

Découpoir droit : réglette présentant un bord droit et l'autre découpé, qui sert à découper des bandes de pâte à sucre avec un motif.

Ébauchoirs : très pratiques pour le modelage des personnages, des fleurs, etc. Leurs formes sont variées. Ils peuvent être utiles pour faire de petites empreintes sur la pâte.

Empreintes : il en existe plusieurs types, en silicone ou en plastique. Les empreintes en silicone alimentaire sont les plus conseillées pour travailler la pâte à sucre. Elles servent à faire des textures sur la pâte pour imiter toutes sortes de détails, comme les nervures des feuilles.

Fil de fer fleuriste : les magasins spécialisés en proposent un grand choix. C'est le calibre qui donne la finesse du fil (un fil 24 est par exemple plus fin qu'un fil 28). Il permet d'assembler des motifs tels que des fleurs ou des étoiles.

Lisseur : rectangle en plastique, plat et lisse et muni d'une poignée. Il sert à lisser la pâte une fois le gâteau recouvert. Il permet d'éliminer les bosses pour obtenir une finition impeccable.

Pince à décors : très utiles pour imprimer des bordures sur un gâteau. Les magasins spécialisés en proposent plusieurs formes.

Pince coupante : sert à couper les fils de fer fleuriste.

Piques pour fleurs fraîches (*ou flowers spikes*) : disponibles dans les magasins spécialisés, ces piques en plastique servent à poser des fleurs fraîches sur le gâteau, tout en protégeant les génoises du contact des fils de fer fleuriste.

Presse à impression : rail dans lequel on glisse des lettres qui vont s'imprimer sur la pâte.

Rouleaux à impression : ils servent à imprimer un motif sur les abaisses de pâte pour imiter, par exemple, le bois ou la brique, ou encore donner des textures différentes sur la pâte à sucre.

Roulette à découpe droite : idéale pour découper des longues bandes de pâte à sucre de même largeur.

Seringue à modeler : avec ses embouts, elle permet de réaliser de nombreuses formes. Pour faciliter la sortie de la pâte à sucre, on peut imbiber le tuyau de graisse végétale.

Bonnes adresses

Le blog de l'auteur :
http://gateaudefete.canalblog.com

En France :
Artgato et l'art est comestible
5, avenue du Docteur Arnold Netter
75012 Paris
Tél. + 33 (0) 1 44 73 93 13
http://www.artgato.com

Pretty Funny Life
http://www.prettyfunnylife.com

En Angleterre :
Cake Craft Shop
http://www.cakecraftshop.co.uk

Sites des cakes designers :
http://www.djalmareinaldo.com.br
http://lisfonseca.com.br
http://www.taltalim.co.il
http://www.colettescakes.com
http://www.margaretbraun.com/cakes.html
http://weddingcakes.com
http://www.confetticakes.com

Je remercie

Mon fils Téo, ma source d'inspiration, qui m'a amenée à découvrir ce genre de gâteaux.

Thierry, mon compagnon dans cette aventure, pour sa patience et son aide.

Mes parents, Décio et Marina, qui ont fait de moi ce que je suis.

Claudia, mon attentive et talentueuse sœur, qui m'a toujours soutenue.

Mon frère Paulo, pour sa disponibilité, et mon pourvoyeur en matériel.

Annie L., Anne L., Frédérique M., Stéphanie C.,
pour les corrections des textes et leurs encouragements qui ont abouti à la réalisation de ce livre.

Claire B., Myriam B., Françoise et Alvaro, qui m'ont encouragée dans cette belle aventure.

Ana W., Deise C., Marcia C.B., Miriam R., mes fidèles amies du Brésil,
pour leur soutien indéfectible et Artgato pour sa confiance.

96

Imprimé en Union Européenne
Dépôt légal mai 2011